大夏书系 · 教育软实力

优秀教师的核心素养

教师软实力

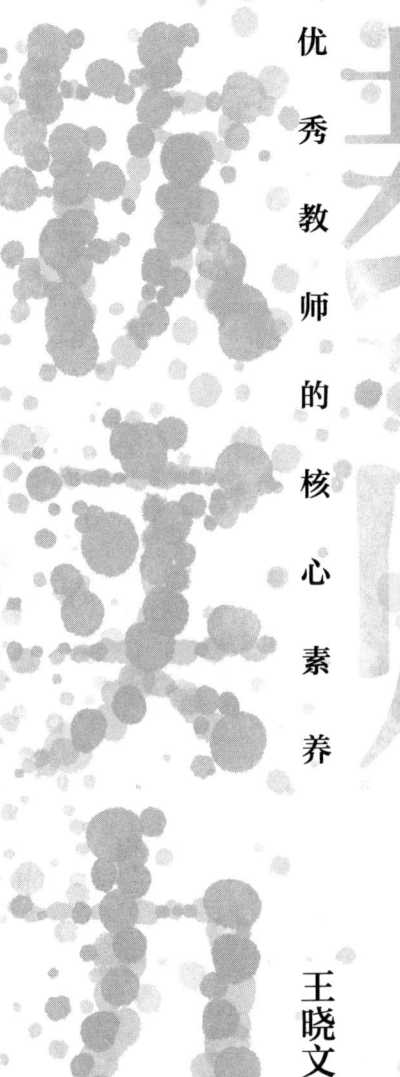

王晓文 / 主编

华东师范大学出版社
·上海·

费岭峰卷
我的职业是教师
131

赵美玲卷
守一抹暖阳，待一树花开
157

黄群卷
聆听生命拔节的声响
181

丁玉祥卷
幸福教师的职业追寻
205

徐莉卷
一个人的合唱
233

目录 contents

张正耀卷
没有终点的出发　3

沈丽新卷
教育现场的行动与思考　31

任勇卷
「书」指一条路，「烛」照万里程　53

朱煜卷
专业成长中的人与事　79

黄敏卷
三尺讲台是我们的练功台　103

张正耀 卷

寄语年轻教育同仁：

教育人生要有境界，王国维语："有境界，自成高格。"境界来自于对教育事业的挚爱，对教育常识的坚守，对教育路径的探索，对自我的不断超越。

张正耀 江苏省中学语文特级教师，正高级教师。江苏省兴化市教师发展中心教研员，江苏省泰州市教育局教研室兼职教研员，江苏省人民政府教育督导团专家组成员，已退休。已出版教育专著《让学习发生》《领悟经典》《语文，究竟怎么教》《语文，语文》《零度的眺望》《语文这样教》6本，发表教育教学研究论文300多篇。主要语文教育思想被收入江苏省《著名特级教师教学思想录·中学语文卷》。

没有终点的出发

1985年7月初的一天,我去向顾黄初先生辞行。看到自己的学生即将走上教育岗位,先生非常高兴。那天他说了很多勉励的话,并欣然为我题写"毕业赠言":"为祖国培养四化建设的人才,是幸福的、光荣的事业。希望你珍视自己的事业,努力作出无愧于时代的贡献。"就这样,遵照先生的指引,我带着神圣的教育使命出发了。

┃ 学生:精神的财富 ┃

在一次会议上,我这样开场:"为什么我们的生活没有了激情?因为我们不再恋爱。"这引来了哄堂大笑。紧接着我说:"我说的不是男女情爱,而是我们对教育的真爱,对教学的热爱,对学生的深爱。"很快,会场上鸦雀无声。这"三爱"当中,我认为最为重要的是对学生的"深爱"。裴斯泰洛齐说:"我没有一切,只有学生。"对一位教师而言,最为宝贵的财富就是学生,离开了"学生","教师"也就不再存在。带着这样的认知,我奉行的教育信条是:努力做学生的知心朋友,做学生思想启蒙者,做学生成长的导师，做学生道德情操的引路人。我常跟学生说："课堂上我们是学习的伙伴，课下是生活的朋友。"正是对"亦师亦友"关系的追求，让我和学生建立起了非常良好的关系，由此也赢得了学生对我的尊敬和爱戴。其实，判断一位老师在学生心目中有没有应有的地位，有没有应有的尊重，我认为主要不是看他在教学生时，而是看学生毕业以后心里还有没有他，是不是还把老师当作自己的朋友，是不是还以曾经做过这位老师的学生而感到光荣和自豪。一位成功的老师，应该有一大批仰慕、亲近他的学生朋友，否则就不能算是真正意义上的成功，也不能算是精神上"富有"的老师。

跟学生做朋友，需要有柔软的心肠。"日久生情"，师生交往时间长了，自然会有情感，但这样的情感如果没有真正的倾情付出，如果学生感受不到老师的善意和爱意，那么这样的情感可能会呈现出我们不愿见到的景象，这也许就是有的学生不是"记得"老师，而是"记恨"老师的原因。如果学生因为一些原因，吃不上饭，我总感到内心不安。周日学校食堂里不开伙，我请他们到我的宿舍吃。由于没有大锅，只好一锅又一锅地下面条，看到学生狼吞虎咽的样子，我特别有满足感。有学生的伙食费不够了，我去跟食堂交涉，实在不行，我会帮助添上，虽然只有区区几块钱，但看他终于能够和其他学生一起吃上饭，我很开心。学生遇到了无法解决的事，我会及时伸出援手：一位学生自行车丢了，我动用了全班同学满世界去帮她找回来，虽然费去了很多人力和时间，但收获的是学生一辈子的感激；一位学生因为父母长年在外做生意，彼此疏离，亲子关系不好，我一次次地做学生和家长的工作，看到他们终于能够经常联系，互相关爱，我特别高兴。学生有解不开的心结时,我也会忧心忡忡。一位学生因为有"遗尿症",经常要等其他同学都离开宿舍后才敢起床,我什么话也没说,悄悄地帮他晒被子,一直帮他保守秘密。当看到学生眼中的泪花时,我虽然心里也很不好受,但却感到做对了事情。

跟学生做朋友,需要有包容的胸怀。哪个少年不轻狂?哪个青年不犯错?如果以成人的标准,以老师的要求去看学生,每个学生都是有所谓"缺点"和"问题"的,因为世界上根本就没有十全十美的人。

一些连我们老师自己都做不到的事情,为什么要求学生一定能做到呢?那是要求过度,那是强人所难,那是苛刻和不近人情。花儿的开放需要时间,生命的成长需要等待。我们要让每一位学生都能抬起头、挺起胸,走正道。做班主任好多年,我也跟负责学生工作的同事争执过很多次,因为他们要按照学校的"规章制度"处理犯错的学生,而我"护犊情深"。学生晚自习后,在教室里播放音乐,由于音量较大,隔壁班的班主任一怒之下,把用来播放英语听力的录音机摔得粉碎。了解情况后,我什么话也没说,我理解学生,他们想听听音乐,调节一下单调枯燥的生活。于是我又去跟学校借了一台,只不过提醒他们播放时注意控制好音量。近20年后,师生聚会时,一位学生走到我面前,跟我说:"老师,对不起!"我很诧异,他是一位品学兼优的学生,做了什么我不知道的"错事"吗?原来,那天晚上就是他播放音乐而惹祸的。看着挚诚的学生,听着真情的话语,我的内心充溢着喜悦和快乐。

如果说学生是教师宝贵的精神财富,那么,学生的精神财富又是什么呢?是知识,是能力,还是其他?经过长期的思考,我发现，在学生的成长中，最为核心的是"灵魂"。失魂落魄，就会无家可归；魂不附体，乃为行尸走肉。有了"灵魂"，学生的生命就生机勃勃、鲜活璀璨。老师要能够让学生感受灵魂的威力，体悟灵魂的魅力。所以，我把"育心灵、立魂魄、培元气、树根本"作为我的责任。在我看来，教育活动其实就是一种交往，是师生之间的平等沟通和交流，是师生心灵的交会与碰撞。所以，我不放弃每一个与学生进行思想交流、思维连通、认识梳理的机会。

有这样一件事，让我至今难忘：早读课前，我刚走到教室门口，班长就神色慌张地跑来："昨天收取的高考报名费3000多元不见了！"我的脑袋一嗡，那个年代，这可是一笔"巨款"啊！我让班长不要声张，由我来处理。我很快发现有一名女生情绪不太正常，平时大大咧咧的她，显得很不自然，我心里有数了。第一节课我评讲试卷上的现代文阅读题，材料正好是冯友兰先生的《人生的境界》，于是我大谈特谈"人生的四重境界"，学生好像若有所思；上午第四节课，我又跟其他老师调换了课，继续就这个话题说我自己的认识和体会，但就是绝口不提钱丢失的事，我偷偷地瞥了那名学生一眼，发现她有点儿焦躁不安，我心里更有数了。下午一看到我到办公室，班长就飞一样地跑来了："钱……钱回来了！"下午的班会课，我说了这样几句话："今天，我们班上发生了一件意义非凡的事情，我们的一位同学勇敢地承受了思想的压力，战胜了自我，跨出了人生中非常关键的一步，实现了自我的救赎！这是觉醒的力量，这是精神的力量，这是意志的力量，让我们为这位同学鼓掌！"那名女生的脸红了，眼眶里闪着晶莹的泪花。几十年过去了，大家都在猜测，拿钱的同学是谁,但谁也不知道。我也不知道,因为我压根儿就不想知道。

"没有一个人不被需要。"(特蕾莎修女语)通过这样的交往和对话,为学生打开心智与精神的大门,增加阅历,拓宽视野,丰富灵魂,发展思维。"感人心者,莫先乎情"(白居易《与元九书》),只有触动学生的精神世界,开启学生的心灵之窗,才能去影响他们,师生亲密无间的交往才会成为一方最富灵性、情趣与理趣的天地。

生命脆弱,小心呵护。对待学生,我常怀敬畏之心。我一直提醒自己要关注学生的认知状态、情感体验,关心每位学生的成长发展,把学生培养成情感丰富、有灵魂的人,让他们既有理性的沉思,也有诗性的翻飞。为了唤醒学生的"灵魂",我常常不囿于课本,从众多的报刊上挑选名文佳作,从浩如烟海的书籍中精选精美华章,编印给学生,用一本本经典名著、一篇篇美文佳作、一种种精妙语言,去唤醒怜悯与同情之心,升华友爱与善良之心,提升担当与责任之心。我也会经常脱离上课的内容,有感而发,拓展延伸,谈生活,说理想,议困惑,与过往勾连,和现实联通,向未来迁延。我固执地认为,好的语文课应该是:让学生笑出声,让学生哭出泪,因为那是青春年少之人的真情流露。有"笑声"(廉价的"笑"不在其内)的课是常见的,但有"哭声"(责骂、训斥另当别论)的课却不多见。回想起来,在我的课上,学生确实哭过多次,他们为课文中的人物命运而哭,为现实世界中的不堪景象而哭,为自己曾经的痛苦和悲伤而哭。当然,刻骨铭心的是我跟学生分别的最后一课,当我说"这是我给大家上的最后一节课"时,学生在啜泣,我在哽咽,大家待在教室里，久久不愿离开，师生至情流露的那一幕永远忘不了。那是因为学生的"灵魂"被唤醒了，得到滋润了，"眼因流多泪水而愈益清明，心因饱经忧患而愈益温厚"。乃至毕业多年，师生相聚时，畅叙当年课堂上的"哭声"，每一个人都记忆犹新，笑出泪花。

　　灵魂的培育是极为复杂而艰难的，老师与学生之间思想的交锋、言语的争辩等在所难免，我们都希望享受成功的喜悦，但挫败的痛苦也常会来敲我们的门。一个人的思想成长与事业发展有许多不确定因素，作为教师，只能在学生的某一个发展阶段，对他的某一个方面施以一定程度的影响，而不可能完全影响到他的全部乃至终生。所以，我的精神财富中，有满心的喜欢，也有些微的叹息；有甜蜜的收获，也有青涩的酸楚；有桂冠上的鲜花，也有鞋底里的沙子。但我的一次善意的释放、一次耐心的等待、一次科学的引领，也许能多一分收获，少一些遗憾。

| 课堂：生命的修行 |

　　就教育生涯而言，一位教师的生命，绝大多数时间是在课堂上度过的。按平均数计算，教师的职业生涯大约是35年，如果1年上400节，一生就是14000节课、10500小时，试问：世界上有哪一所大学、哪一个培训机构，能为教师提供如此多的学习、进修的机会？

　　课堂，是为所有教师所共同享有，"又如同呼吸空气一样公平与方便"（柳印生语）。上课是教师生命最好的修行方式，是心灵的舞蹈，是智慧的体操。我始终坚持这样的认识：教师的根本是上好课，教好学生，把课堂教学作为专业成长的最好平台，当作个人教学艺术展示的最佳舞台。当然我极力赞同教师要有专业发展追求，要努力成为"名师"乃至"大师"，但所谓"名师""大师"的根基在课堂，离开了课堂，就如同鱼儿离开了水，花儿离开了秧，风筝离开了线。"名师""大师"之"闻名"、之"伟大"，都是因为有课堂的存在，有学生的存在，离开了课堂与学生的源头活水，还怎么能算是"名师""大师"呢？所以，"名师""大师"起步于课堂，成长于课堂，发展于课堂，成就于课堂。

教师最要锻炼的是语言基本功，这是课堂修行的"本钱"之一。我从小没有学过汉语拼音，大学里也学得稀里糊涂，发音很不标准。虽然到老家的农村学校，用方言土语照样可以授课，但我却对自己提出了要求：尽量用比较规范的普通话上课。刚做教师的几年，每天带领学生早锻炼之后，我都要在校园里大声读书；早读课、语文课上，凡是学生读书时，我都会跟着一起读。只要是要求学生背诵的课文，我先背；凡是要求学生写的作文，我先写。几年的功夫练下来，像鲁迅的《药》甚至《祝福》，我都能全文背诵，至于课本中的那些古诗文就更不用说了。所以，我上课时手舞足蹈，忘乎所以，经常"冷落"了课本，因为它们早已在我心中。

我认真对待每一篇备课笔记，把上课时的每一句话都写下来，反复读、反复想、反复比较和揣摩，直到没有什么"疙瘩"了，才敢进课堂。每节课前，我会翻开备课笔记，花20分钟时间温课，把课上要跟学生讲的话语，在头脑里预演一遍；课后，我会再复盘课堂，把一些读得不太标准的字、说得不太恰当的话再一一地标注出来。我一直遵循教育界老前辈柳印生先生的教诲：语文课上"讲出来的每一句话都正确规范，进而恰当贴切，再进而生动形象"。我也曾经像他所要求的那样，请学生在认真听讲、严格训练的同时，注意我在课堂上讲授时能否恰当表达，若发现了问题，课内乃至课外随时向我指出。我跟学生说："你们中的每一个人都可以做我的'老师'。"很多学生都被我称为"一字师"，他们在听课的同时，也在帮助我提升表达能力和教学水平。"三人行，必有我师焉。"我经常邀请老教师和同组的青年教师到我的课堂听课，请他们帮我"捉虱子"（家乡俗语，意为发现并捕捉问题与错误）。无论是组内，还是校内或是校际，上公开课、展评课、研讨课、比赛课等，我都很积极主动，不放过那些绝好的求教机会。现在想起来，有那么多"不怕献丑"展示自我的机会，有那么多同事来听课，就等于一下子有了许多老师给我提供帮助和指引，那是多么美好而又超值的事情！

　　教师的语言基本功，还体现在与学生、家长的有效沟通交流上，这是教师的另一个课堂。通过大量的阅读体悟，结合自己的生活经验，每当要找学生谈话、与家长交流，我先在心里反复演练交流的场景，思考交流的内容，揣摩说话的语气、语调。有了这样的充分备课，跟他们交流时，就很少出现沟通不畅、效果欠佳的现象。受理发师傅刮胡须先打肥皂的启发，交流时我先表扬学生的三个优点，哪怕没有，也要说"变化"与"进步"；接着让学生评价一下自己，说一说自己需要改进、发展与提升之处；最后才是提建议、明要求、给方法。在跟家长沟通时，我基本不提孩子的缺点和问题，而是反复说孩子的成长和进步，让家长对孩子有信心；家长会把这些评价语传递给学生，学生对老师自然会产生好感，更加亲近。这样的话语交流，既增强了学生的自信，提高了认识，明确了努力方向，也提升了我的说话水平和沟通能力。事实上，在这种课堂中，学生的发展变化、进步成长，一点也不亚于传统的一般意义上的课堂，教师的语言基本功同样有用武之地，且大放光芒。

教师课堂修行的第二个"本钱"是教学智慧，我的理解是"把课上得像课"，做到像模像样，有模有样，真模真样，教师是真的在上课，上真的课，是在上能够让学习发生、让学生发展的课。教学智慧，既体现在对课程价值的科学把握上，体现在对文本的全面而准确的解读上；也体现在对学习情境任务的巧妙创设上，体现在对学习内容的精心选择和活动的有效开展上；还体现在课堂提问的精巧设计和有序展开上，体现在对学习水平与状态的科学有效的评价上。为此，我认为课堂应该是灵动的、个性的、创新的。其中，追求有个性的课堂应成为一种常态。个性，是鼓舞人心的最宝贵的品质，没有个性，就剩下了"统一"和"一致"，那未免死板与呆滞，所以，个性的自由和放飞，是激动人心的最美好的景象。要让个性得到解放，得到展现，需要营造一个民主、平等、自由的学习环境。只有在这样的环境中，教师、学生和文本之间才可能实现平等的有个性的对话，个性与个性的碰撞才能产生共鸣的火花。了解学生、研究学生，这是平等对话的前提；根据文本特点，尊重学生差异，这是实现个性化教学的条件。说到底，课堂学习就是要让学生"有毅力和坚忍不拔的精神"、有"自主性、对自身进步的归属感以及指引学习的后续能力"（迈克尔·霍恩、希瑟·斯特克《混合式学习》）。真正的课堂教学，应是师生共同的生命投入。它是一种良性的师生互动，而绝不是教师的单向给予。经过一段时间的摸索和实践，我渐渐明白了，课堂教学应该是激发兴趣—启迪思维—传授方法—培养能力—丰赡心灵的过程，应是一个精彩纷呈、和谐共生的灵动过程，就像一条流淌于山间的溪流，它时而穿行山林，时而飞瀑倾泻，时而冰下呜咽，时而叮咚作响，时而曲走龙蛇，时而波澜不惊，变幻无穷，气象万千。而要达到师生和谐互动的目的，就在于教师的智慧引领和学生的主动参与，使课堂真正成为生命对话的舞台，使学生获得富有个性的发展。

建立在师生平等基础上的对话，不仅是促进课堂和谐交流与互动的前提，更是促进学生不断发展、不断完善的有效教学策略。教学应当追求师生情感交流、思维沟通、生命对话和谐互动的境界。

也许在其他老师看来，我是一位比较"懒"的语文教师，因为我很少给学生布置课后作业，尤其是试卷性练习。每逢节假日，我布置的"作业"是什么呢？是准备课前演讲、制作手抄报、写成长笔记；是根据阅读兴趣开展阅读活动（不要求写读书笔记，但要有摘抄和批注、评点）；是走访相关人士、走进田边街头，记录采访、观察内容和感想；是自己编辑文言文词语词条、编辑个人作文集、编制单元试卷或综合练习（要提供参考答案和评分细则）、写班级接力小说；是小组集体备课，分工合作上课，有好多年，我在每个学期都安排四个星期让学生自主学习、交流，每个学生都是"老师"，他们备课、上课、讨论、设计作业、参与评价，我与学生一样，只是一个普通的学习者。实践的结果是学生的学习积极性空前高涨，学习品质、学习能力得到了真正的培养与提高。这是充满活力的课堂，也是满溢个性的课堂。学生自主学习能力的提升，还减轻了我的一些工作负担，让我能够腾出时间和精力提升自己。曾经连续七年我都任教高三，两个班150多位学生，平均周课时20节，同时我还担任班主任和教导主任，超负荷运转，几乎没有喘息的机会，但教学、读书、业务进修、课题研究、论文写作一样也没有落下。对课堂教学，我一直信奉《语文学习》所倡导的"语文学习的外延与生活的外延相等"理念，设计和实践各种语文活动：读古诗、背成语、写随笔，记古典名句、诵经典名篇，作课前演讲、搞社会调查、去田间采风、做课题探究，画学习导图、做手抄报、编作文集，搞篝火晚会、组织辩论赛、举办中秋月光诗会……让学生在读中思、思中读，在读中做、做中读、做中评，实现"知行合一"。在这样的课堂里，师生共同享有的是一种人生的享受、生活的体验，是一种人格的提升、思想的撞击，更是一种生命的感悟、精神的升华。

| 写作：心灵的行走 |

我常常想，要做一名"无愧于时代"的语文教师，必须有研究的意识、兴趣、习惯和方法，要研究，就要爱读书，会写作。只有勤于读书、善于思考、精于表述，才能担当教书育人的重任。书籍是教育教学的雨露、阳光和空气，我们不能让它受到冷落而蒙尘，甚至一刻都不能脱离。"语文教师是离读书最近的行当"（顾黄初语），我们要始终带着澎湃的激情去读书，厚积薄发，久久为功。读书，切忌囫囵吞枣，更不能食而不化，不做"两脚书橱"，更不做"书呆子"。教师的读书，不能只是一种"行为艺术"，要带着问题读，用所读到的书籍和文章，去认识、思考与研究教育教学中的现实问题；要活学活用，把所掌握的知识运用于解决现实问题的实践中去。同样如此，教师的写作，是一种教育写作，写作于教育这片热土和沃土上，是对教育的自我表达，而非仅是某种"敲门砖"或"投名状"，更不能将之作为炫耀的资本。要让读书与教书相伴，教书与写作共举，读书与研究齐飞。

源于此，读书和教育写作成了我的生活方式。退休后，我总结了自己教育生涯的三大事件：读书、教书、写作，这是我精神生活的"一日三餐"。在一定意义上，我做教师的过程，就是不断读书、写作的过程。

我的读书，完全出于兴趣和爱好，没有接受过什么"读书指导"，更没有人给我提供"推荐阅读书目"，看到什么读什么，读到什么算什么。在书籍极度贫乏的年代，我读得最多的竟然是火柴盒、香烟壳上的文字和图案。小学时读连环画、大字报、"革命样板戏"剧本、《毛泽东选集》、《高玉宝》、《欧阳海之歌》等，初中和高中前期读了《水浒传》、《三国演义》（毛边纸、竖排版的）、《红岩》、《青春之歌》，高中后期读"伤痕文学"、各类文学与电影杂志、《唐诗选》、《宋词选》、《古代文学作品选》，大学时代接触到大量的古今中外名著，"如饥饿的人扑到面包上"(高尔基语),狠狠地"狂读"与"恶补"了一把。做教师以后,对文学作品、文艺理论著作阅读热情不减,同时也读了大量哲学、历史、艺术、社会学、人物传记等书籍。说来惭愧,除了顾黄初、柳印生两位先生当初推荐我读的几大语文杂志外,所谓"教育教学理论"书籍与文章反而涉猎不多。当然对叶圣陶先生《叶圣陶语文教育论集》和洪宗礼先生《洪宗礼文集》(包括洪先生的一本小册子《语文人生哲思录》)确实花了不少功夫,但至于其他,真的很寥寥。这既与我的阅读喜好有关,也与我的阅读理念有关,我总觉得,读书好比吃饭,还是要合自己的口味,至于别人宣称的"营养",可能并不是我需要的,也许"跳出"教育读教育,视野可能会更加开阔,眼界也会更加高远。除此,我还走出书房、走出校园,阅读社会这本大书,让心灵和身体始终行走在大地上,虽不能做到"学富五车",但总想追求一种广博与纵深、通透与机变的境界。

我的教育写作,源于爱好,得于研究,成于坚持。我喜欢"钻牛角尖",甚至有点儿走火入魔,夜不能寐是常有的事,梦中经常构思文章,此篇从题目到小标题,就是这样来的。认真推敲起来,教师写作是教育行为的组成部分。且不说教案、反思、练习、试卷、课程建构、活动方案、计划总结、调查报告、研究课题、会议交流、读书报告、故事分享、随笔杂感等都是写作活动,即如常规的听课观课、评课议课活动等,也离不开写作。教育与写作,如影随形,亲密无间,只要有教育活动,就有写作需要,就有写作行为。当然我很清楚,我的教育理论底子不厚,做不了鸿篇大论,虽然那是我始终仰望的,所以我的写作主要聚焦于教学现实问题的解决。每次公开课、研讨课、示范课后，我至少有三篇文章产出：文本解读、教学设计、教学反思研究。这样日积月累，年复一年，竟有了很多文章，我也见到了更加广阔而又新奇的世界。

在教学表达上，我先是探求文艺理论与中学语文教学的关系，大学毕业不久便在文学专业杂志上发表了近万字的研究论文；接着对语文教材建设与使用进行了深入思考；然后是对课堂教学进行探讨与研究，有阅读教学、作文教学的微观研究，也有语文教育的方向把握，更有对语文教师专业化成长的理性思索。"板凳甘坐十年冷，文章不写半句空。"虽然不能完全做到敢言人之不敢言、能言人之不能言、善言人之不善言，但我总是力求深刻、独到，不人云亦云、鹦鹉学舌。翻阅着发表于各种专业杂志上的300多篇论文，翻阅着根据其中一些论文写成的《零度的眺望》（中国矿业大学出版社2008年出版）、《语文，语文》（武汉出版社2011年出版）、《语文，究竟怎么教》（华东师范大学出版社2016年出版）三本书，我的内心是充盈的，因为这是属于我的魂牵梦萦的语文！

转到教学研究岗位之后，我开始较多地关注文本解读，这也许是语文教师最为重要的"本钱"。我试图解决以往在文本尤其是经典文本解读时的一些问题：或将丰富的意蕴定于一尊，或使整体的内容支离破碎，或对明确的意指莫衷一是，或就流传的误解人云亦云……我既采用传统方法分析，也借助于现当代文艺理论解构。我用第三只眼睛去观、读、析、研文本：读形象，赏语言，品意蕴，悟情思……几年持续努力的结果，我又有了新的收获，这便是《领悟经典》（华东师范大学出版社

2017年出版）一书的诞生。在此，我要夸一夸《中学语文教学》和《语文学习》这两本杂志，是她们的胸怀和眼光，使我在文本解读方面的一些很肤浅的文章得以发表，提振了我的信心，鼓舞我不断前行。

没有一个好的、有效的教学设计，要想上出一堂好课是不可能的。

怎样上出一节灵动的、新颖的，使学生收获甚丰、留下深刻印象的课，成了我思考与研究的新的课题。通过对近千堂课的观察、分析和研究，我又写成了《让学习发生》一书（华东师范大学出版社2020年出版），比较全面地阐释了我对课堂教学的一些思考。近三年，我受美国学者杰罗姆·布鲁纳"能让好问题一直活下去"（《布鲁纳教育文化观》）一说的直接启发，研究课堂中的"好问题"设计。我发现，好的提问是课堂教学的发动机，是课堂进程的推进器，是学习活动的孵化器，是主动思考的驱动力，在课堂中活力四射，大放光芒。经过思考与研究，我形成了这样的设计思路：立足文本语言，精心设计问题；有效开展对话，珍视阅读感受；提倡多维解读，注重理解体验；拓展思维空间，提高学习质量；实现读写融合，有效表达交流。这一思路力求体现的元素有：创设情境，贴近实际；激发思考，富于启迪；紧扣文本，突出重点；铺设阶梯，逐步深入；文本互涉，丰富理解；听说读写，方式综合；聚焦素养，实践运用；跨界学习，多元评价。这就是后来出版的《语文这样教》（上下册）（长江文艺出版社2023年出版）的由来，看着案头的新书，嗅着它的墨香，我的喜悦又非同寻常了。

教育写作的根基是教育教学实践，没有教育教学，没有学生及其学习活动，它就是无根之木、无源之水，因此教育写作的最大得益者不是写作者本人，而应该是他的学生，只有把教师的写作能力、水平和成果转化成为学生的核心素养，引导学生成为"主动的阅读者、积极的分享者和有创意的表达者"[《义务教育语文课程标准（2022年版）》]，这样的教育写作才更有价值与意义，这也是语文教师与作家的重要区别。所以，我一直努力把自己的写作经验和教训、心得与体会，融入到课堂教学之中，融入到学生的写作活动之中。我认为，教阅读，就是教写作；阅读文本，就是学习写作；写作不仅是为了表达，也是为了阅读，"语文课的主要任务是教会学生用笔表情达意"（张中行语）。针对课堂上阅读与写作严重脱节的现状，我提出这样的观点：阅读与写作，要相互尊重，彼此成全。既尊重阅读，也尊重写作；既成全阅读，也成全写作。我们要给写作以应有的地位，发挥写作应有的作用。

基于这样的认识，遵循学生的认知规律，着眼于学生的发展未来，我始终坚持走"读写融合"之路。我引导学生发现课文的写作价值，探寻写作的内在奥秘，关联读写的教学策略，精选合适的训练点位，找准学生的表达情境，努力做到读中有写，写中有读；读中品写，写中悟读；以读带写，以写促读；共时交互，共生驱动；达到共情，实现共进。除了常规的课内写作，我还组织和引导学生进行了多种形式的写作活动：写日记（周记、札记）、编文集（作文集、演讲稿集），写新闻稿（校园广播稿）、接力小说、时事评论、辩论稿并进行辩论；中考、高考一结束，我就让高一、高二的学生写中考、高考作文；定期进行作文比赛（到市教育局教研室后，我把这项赛事推广到了全市，并一直坚持了下去，形成了区域语文教学的一大特色）；组织建立学校文学社团，自编自印文学社刊，推荐学生优秀习作参加大型比赛或投给报刊发表……当教师的教育写作，一旦反哺到学生身上时，写作不仅可以发生，而且能够发生，并会真正发生。

教育写作，是心灵的行走；语文学习，因写作而精彩。

有位诗人说过，一个人的梦有多远，他的路就有多长。40年来，在中学语文教育这条"幸福的、光荣的"又永无终点的道路上，为了"无愧于时代"，我满怀希望、充满激情，不断出发，再出发。

附 录

一、专业成长部分成果

(1) 1986年10月，在《文学知识》上发表文艺评论《军人决战岂止在战场——评中篇小说〈军歌〉》。

(2) 1993年4月，著作《高考语文应试指南》（合编），由中国青年出版社出版。

(3) 1986年到现在，在《中学语文教学》《语文学习》《语文建设》《中学语文》《语文教学通讯》《中学语文教学参考》等专业杂志上发表论文300余篇，其中核心期刊40多篇，人大报刊复印资料全文转载 10 多篇。

（4）2006—2008 年，著作《2006 年高考作文非常解析》《2007 年高考作文非常解析》《2008 年高考作文非常解析》（合编），先后由江苏凤凰出版社出版。

（5）2005 年 9 月，被评为江苏省中学语文特级教师。

（6）2006 年 10 月，被中国教育学会中语会评为全国优秀语文教师。

（7）2008 年 10 月，专著《零度的眺望》，由中国矿业大学出版社出版。

（8）2008 年 11 月，被评为江苏省基础教育课程改革先进个人。

（9）2009 年 12 月，被评为江苏省教授级中学高级教师。2016 年 8 月，晋升为专业技术三级岗位。

（10）2011 年 8 月，专著《语文，语文》，由武汉出版社出版。

（11）2012 年 1 月，主要语文教育思想被收入江苏省《著名特级教师教学思想录·中学语文卷》，该书由江苏教育出版社出版。

（12）2016 年 11 月，专著《语文，究竟怎么教》，由华东师范大学出版社出版。

（13）2017 年 6 月，专著《领悟经典》，由华东师范大学出版社出版。

（14）2020 年 5 月，专著《让学习发生》，由华东师范大学出版社出版。

（15）2020 年 12 月，著作《未来想象力——名师的 126 节作文课（上下）》（合编），由中国广播电视出版社出版。

（16）2023 年 3 月，专著《语文这样教》（上下册），由长江文艺出版社出版。

二、媒体专访

与书有缘　幸福无限

[《中学语文》2007年第11期封二人物介绍（摘录），作者：沈玉荣]

"《水浒》摇篮，板桥故里，是我的家乡；为人师表，教书育人，是我钟爱的事业。"这是江苏省中学语文特级教师张正耀先生写在他的教育随笔本扉页上的一句话。

水乡处处可寻的半亩方塘，映照着天光云影，恰似打开的书页。生于水乡、傍水而居的张正耀对书有一种天然的挚爱，他注定与书结下不解之缘。

选我所爱，爱我所选。他带着澎湃的激情读书、教书，因为他清醒地认识到，关于做人、关于学问、关于家国、关于山水、关于性灵……先辈前贤的如椽大笔，怡情启智，洋洋大观，趣味盎然，反复咀嚼上百遍，反复品咂上千次，也品尝不出个中的真味，也领悟不出其中的真义。书在他看来，是炎炎盛夏的一片绿荫、冰天雪地里的一盆炭火、无边荒漠中的一汪清泉、漫漫长夜中的一盏明灯。

因为读书，他坚信"生命之树常青"。他信奉"生活即语文""语文教学应贴近生活"的理念，力行"懂教书，应先会读书"。于是他在博览群书的同时，游历祖国大好河山。他敬佩着风雨中顽强生长的花草，欣赏着或矗或卧的山川，感悟着无语的如血的残阳，倾听着清亮流转的鸟鸣……

因为读书，他广交书友，开设沙龙，以书为媒，以文会友，议教学之道，论育人之法，话著述之思，谈研习之得，弘扬读书风尚，推崇文化品位，成为一方美谈。

因为读书,他成了一位有思想的语文教师,达到了理性的思考与诗人般激情的统一。读他的论文著述,不仅能看到智慧,更看到热忱;既能感受到理性的威力,又能体会到生命的活力。"读书与教书并举,理论与实践齐飞"的自觉追求,让他的语文教学与研究在激情中探索,在探索中前进,在前进中超越。

因为有爱,所以被爱;因为有爱,所以去爱。因为有书,所以爱书;因为有书,心灵充盈。真可谓:与书有缘,幸福无限!

零度眺望　自成高格
——记江苏省语文特级教师张正耀

[《新语文学习·教师》2010年第2期封面人物介绍(摘录),作者:沈玉荣]

张正耀常说,读书教书是一门人生艺术。他认为教师只有坚定执着,才能在平凡的岗位上取得不平凡的业绩。故里先贤郑板桥的名句"千磨万击还坚劲,任尔东西南北风"成为张正耀人生目标定位的绝佳表述。

做"精神家园的守望者""思想园圃的播种者",张正耀孜孜不倦,执着探求。激情智慧的他只要站上讲台,便会投入感情,投入智慧,投入人格,投入他的整个世界,引领学生在智慧的花园里采撷,在知识的瀚海上畅游,用生命的激情去点燃生命的激情,用智慧的心灵去唤醒智慧的心灵;倾听每个学生的心声,关注每个学生的成长,让学生享受语文、享受课堂、享受学问、享受读书、享受文化;他努力追求"诗意的课堂"。他不囿于传统,课堂教学主张和力行"删繁就简",教学设计提倡"标新立异",教学内容追求"开放多元"。

对于勤于读书、善于思考、精于表述的张正耀来说,他的使命就是要点燃学生的智慧心灯,激发他们获取知识的愿望,挖掘他们的潜能,激活他们的创造精神。

谦逊热忱的他面对鲜花与掌声,面对荣誉与褒奖,淡然处之,"高调做事,低调做人"一直是他生活的信条。他讲得最多的是"感恩":有了"长者们的春风化雨、耳提面命,同道们的呵护关爱、倾心相携,亲友们的殷切期待、无私勉慰,我才较为顺利地走在了语文教育这条荆棘密布和鲜花盛开的道路上"。

因为语文,他的生活总是充满阳光;因为语文,他的人生总是充满快乐;因为语文,他的追求充满了意义;因为语文,他有了更多的责任、更多的构想与更多的期待。

追求辉煌的语文人生
——记江苏省特级教师张正耀

[《作文教学研究》2010年第5期封面人物介绍(摘录),
作者:《作文教学研究》编辑部]

他是一个"有本钱"的教师,躬耕语文教坛二十五年,他始终牢记教师之本——读书。因为喜爱读书,他选择了做语文教师,因为"语文教师是离书最近的行当"(顾黄初语)。读他的书,你能强烈感受到他的阅读面之广泛,积聚之深,那是字字珠玑,信手拈来,非博览群书之人不能做到。读他的文章,你看不到玄而又玄的高深理论,那一个个鲜活生动的教育教学案例,全部来自于他二十五年的教育实践。你能看到的是他对语文教育事业的一片赤子之心,而建立在此之上的思考又怎能不直指人心?

他的课堂教学以启发引导为主，能力训练以"阅读—思考—点拨—研讨—训练"为思维流程。他教学思想先进，目标明确，环节完整，教风大胆泼辣而又严谨有致。课堂驾驭灵活自如、得心应手，形成了以提高课堂教学效率为中心，以激发兴趣、启迪思维、传授方法、培养能力为主体的课堂教学个性、特色与风格。

在成绩面前，他没有停下思考和探求的脚步，正如他自己饱含深情的心灵表白："我把生活中的每一天当作一个个的开始，一切从'零度'出发，仰望生命的高度，拓展生命的宽度，体验生命的深度。"他正在奋力前行，努力追求辉煌的语文教育人生。

三、影响专业成长的 10 本书

（1）施耐庵：《水浒传》，人民文学出版社，1975 年版。

（2）巴金：《家》，人民文学出版社，1978 年版。

（3）刘熙载：《艺概》，上海古籍出版社，1978 年版。

（4）俞平伯：《唐宋词选释》，人民文学出版社，1979 年版。

（5）黄肃秋、李知文：《历代散文选》，山西人民出版社，1979 年版。

（6）雨果：《巴黎圣母院》，人民文学出版社，1982 年版。

（7）伍蠡甫：《西方文论选》（上下），上海译文出版社，1979 年版。

（8）冯友兰：《中国哲学史》（上下），华东师范大学出版社，2000 年版。

（9）温斯顿·丘吉尔：《第二次世界大战回忆录》，译林出版社，2012 年版。

（10）叶圣陶：《叶圣陶语文教育论集》（上下），教育科学出版社，1980 年版。

四、问答

问 1：教师读什么书好？

答： 读喜欢读的书，读想读的书，读能读的书。读书是为了自由和快乐，而不是自我设限与折磨。

问 2：对教师这一职业不满意怎么办？

答： 对职业不满意的因素可能有很多，但我们不能对自己不满意，对每天都要面对的年轻而活泼的生命不满意。

当我们把每一天都看成一次愉快而充满新奇的精神旅行，那么我们就可以与学生一起欣赏沿途的风景，收获成功的快乐，满意度乃至幸福感自然就会降临。

问 3：如何才能保持对工作的热情？

答： 懒惰和懈怠是人的天性。只有始终充满激情，才会积极主动地面对一切。对待工作，需要的是兴趣、志趣和情趣，是信念、智慧和坚持，一旦敷衍与松懈，影响的不只是工作质量，还有生活质量和生命质量。

问 4：学生不喜欢我们的课怎么办？

答： 学生不喜欢我们的课，那说明我们让他们失望了。我们要努力不让他们失望。跟学生交流，了解不喜欢的原因。放下身段，敞开胸怀，绽放笑容，与学生打成一片。学生喜欢你这个人，就会喜欢你的课。

问 5：学生上课不听讲怎么办？

答：注意观察，充分了解情况，分析背后的原因；尝试改变教学方式，吸引学生注意力；站在学生的立场，尊重学生的感受。很多时候，需要改变的往往不是学生，而是老师。

问 6：怎么管教那些好玩和调皮捣蛋的学生？

答：没有好办法，学生天生好玩和调皮捣蛋。这样的孩子往往头脑灵活，思维敏捷，有创造创新的潜质。对他们的管教应融入爱意，释放善意，尝试多陪伴、多倾听，关注其兴趣点，千万不能孤立他们，否则带来的只会是痛苦和愤恨，而不是成熟。

问 7：如何对待学习成绩不好的学生？

答：不是每个人都喜欢和适合学习，也不是每个人都要考上大学。每朵花有属于自己的芬芳，每只鸟有不同姿势的飞翔。我们要为学生提供完整、多元、健康的教育，没有什么比快乐和幸福更重要。

问 8：一些名师的课很精彩，但学不会，怎么办？

答：名师的课是名师多年积淀而成并独有的，不会一学而就。我们要学习他们的先进理念与方法，慢慢融合在自己的课堂教学中，学习，反思，拓展，提升，然后上出属于自己的精品课。

问 9：现在的课程资源非常丰富，但如何才能"为我所用"呢？

答："满园看花，看得眼花。"丰富的课程资源固然可以满足教学的多样化和选择性需求，但不是"捡到盘子里都是菜"，只有与教学实际紧密结合起来，在动态运用和不断生成的过程中，课程资源才有意义。

选择、精简、调整、补充,一旦玩转资源,就能为学习赋能。

问 10:怎样才能写出有质量的论文?

答:作为一种研究方式,论文写作最为关键的是思考,思考的质量,决定了论文的质量:想得明白,才会写得明白;想得深刻,才会写得深刻;想得新颖,才会写得新颖。反复想,不断写,好论文自然就会生产出来。

寄语年轻教育同仁：

做教师很难。在教育现场，很多时候你会非常坚定，知道自己应该坚持什么，妥协什么，但也有很多时候你会很孤独，会不确定应该这样处理，还是那样处理。请别太担心，只要你始终抱持理想——要做一位『眼里有温情，行事存敬意』的教师，自然就会遇到很多精神尺码相同的伙伴。他们会与你交流，互相分享经验。你们可以彼此敦促，结伴前行。

沈丽新卷

沈丽新　儿童成长的陪伴者，苏州工业园区小学英语学科带头人。联合国教科文组织"为中国而教"首批培训师，《教师博览·原创版》首批签约作者，苏州市姑苏区作协会员，九江学院基础教育研究所兼职研究员，《教师博览》创刊30周年优秀作者。

教育现场的行动与思考

2010 年《教师博览·原创版》的"人物志"栏目刊登了我的教育自传《放牧在教育原野》。4000 多字，浓缩了 18 年的感悟与体会。时隔十几年，找出来重读，读到了当时的矛盾：一边是因为细腻敏感导致的各种自我质疑，一边是因为浓浓的理想主义而始终保持的对教育的浪漫情怀。

2023 年暑假，一个失联 10 年的杂志编辑与我重新"接头"。她的一句"听到你依然享受课堂，依然耕耘在课堂，这是我最想听到的了"让这 10 年岁月好像不曾失联过，我依然是她知道并确信的那个"仍然喜欢上课，仍然喜欢和孩子们在一起"的教师。

但一定是有些改变的，这些年在教育现场的行动和思考的确是有改变的——我不断提升自己，持续帮助学生及其家长，并努力落实对学生问题行为的"解释"。所有的改变，都见证着自己的专业成长。

| 提升：提升自己的感知力，感知孩子需要和想要什么 |

一直记得自己童年里的两个场景。

一次是在我5岁的时候,跟邻居家的小伙伴在一起玩。村里一个阿姨过来,逗着我的小伙伴,跟她说笑,还抱了抱她,但从头到尾都没有好好看我一眼。当时年幼的我,没有能力去找父母表达我的感受并及时得到"你也很可爱"这样的安抚。"我不可爱"就深刻地烙在自己的认知里。童年到少年,甚至青年时期的很多自卑,大概也与这一瞬间的感觉有关。

另外一次是在我6岁那年,我跟母亲去外婆家。午饭后我自己去找与外婆家同村的大姨家的两个表姐玩了半天,傍晚的时候,农田里忙碌了半天的大姨回家后见两个表姐没完成规定的家务而把她们痛骂了一顿。我当时非常羞愧,深觉是自己连累了两个表姐,于是悄悄从大姨家溜回外婆家。后来很长一段时间,我再也不肯去大姨家。没有一个大人为我的"不肯去大姨家"而认真地告诉我"这与你无关。只是大姨太累了,不是讨厌你的到来"。那种浓浓的"我是不被欢迎"的自我认同也因此建立。我后来的部分社交缺陷大概也与此有关。

当然,成年后的我通过阅读与思考,与童年的很多创伤都逐步和解了。但是这个过程,并不容易,甚至艰难。

成年后的我,一直站在童年边上。——我是一位小学教师,是陪伴儿童成长的专业人士。正因为童年对自己的成长产生了影响,我想成为那样的人:可以庇护童年时遇到我的孩子们,可以给他们足够的安全感和勇气,从而让他们的生命状态在童年里更舒展——也就意味着储备了很多力量去面对以后的生活。

所以,在我的职业生涯中,除了保持、提升自己的学科素养以外,我更看重的是自己是否具备足够的感知力,是否能够及时、准确地感知孩子需要和想要什么。这种能力不但需要具备,而且还需要不断提升。

如何提升呢？

要记得自己也曾是儿童。很长一段时间里，每年的儿童节我都会充满仪式感地找出《小王子》来翻阅一遍。其实就是为了正式地提醒自己：不要忘记自己也曾是儿童，不要忘记童年时的自己多么期待身边的成年人能够及时抚慰我，给我支持与成长的力量。

因为这份记得，当一年级学生在课堂上一边展示自己家的全家福一边用英语介绍的时候，有个孩子的"This is my mum"引来不懂事的其他孩子的哄堂大笑，甚至有孩子说："老师，他的妈妈好难看。"我第一时间发表评论："这个妈妈的眼睛真明亮，我喜欢这个妈妈。"并认真地对照片的小主人说："回去告诉妈妈，我很喜欢你妈妈的眼睛。"

因为这份记得，当一个二年级孩子含泪告诉我"我没有妈妈了"之后，我每天陪伴他阅读《会做饭的孩子走到哪里都能活下去》，让他了解到世界上没有妈妈陪伴的孩子有很多，需要每天做饭的孩子也不是只有他一个。我还陪他记录每天晚上他自己做的饭菜，让孩子从"感觉被妈妈抛弃了"的悲伤脆弱中逐渐建立"妈妈教会了我做饭，这也是妈妈爱我的方式之一。只是现在她跟爸爸分开了"的概念，帮助孩子积攒力量，积极面对现实生活。

（1）要多找时间与学生在一起。

每一届学生小学毕业，我都会请他们给我留言，很多学生都提到我跟他们交往的各种细节。而这些细节，通常发生在课后。课堂上教师与学生更多地聚焦在学科知识的讲授与学习上，但是孩子的成长则不仅仅限于学科知识。我会利用更多的课间时间陪伴学生。

每天早上,我都尽量提前进教室,等待每一个进教室的学生,并跟他们逐一问好。在我当班主任的班级,只要我下节课没有课,我每一个课间10分钟都去教室,跟孩子们各种交流。在我不当班主任的班级,只要有课,我都会在上一节课的下课铃声响之前到达教室外边,等待他们下课——我好第一时间进入教室,这样就会有最多的时间可以与学生交流。

我几乎成了那个"长"在教室与走廊里的教师。孩子们一下课就能看到我准时出现,他们经常过来跟我聊天。而在这样随时发生的对话中,我才能更真实地了解学生的成长动态,教室也才可能成为学生乐意逗留的地方。

(2)要真正把学生放在心头。

读再多的书,如果不把学生放在心头,可能都只是自己"做学问",而无益于学生的成长。教师要善于发现学生的问题,能够站在学生角度,去揣摩他的心意,然后试着帮助他面对问题、解决问题——而非简单粗暴地批评教育。

有一年在组织春游的时候,四个身高不同、分属各个不同小组的二年级女生向我申请在旅游大巴上坐一起、行走队伍中排一起。我一口答应,不用"纪律""必须"这样的词汇去忽视孩子们对友谊的珍视。教师适当且及时地改变部分规则,就会给孩子们带来"破例"之后的狂喜。这样的"破例"不是纵容,而是成全,可以为孩子们留下特别美好的印象。

有一年9月初,我在学校餐厅"捡"到一个刚入学的一年级孩子——不是我班上的学生。他躲在一根大柱子后面,而那个时候已经是高年级和初中部学生的用餐时间了。我以为他是不小心掉队而迷路了，想送他回班级，他却明确告诉我不想回班级，理由是"教室里人太多了"。我不去揣摩他是因为淘气而掉队，而是问清楚他的班级后牵着他的小手，慢慢送他回教室。一路上我跟他描述他的老师有多么好，老师现在有多么担心他，这会儿有多么着急地在等他回去。我理解他的焦虑，试图以最大的善意让孩子感受到被看见、被看重，从而能够积聚力量，慢慢克服自己的惶恐。

帮助：帮助学生抵消家庭和社区带来的不利影响

每一个学生来到教师身边的时候，都带着他的家庭烙印和社区文化的影响。当然有很多孩子非常幸运，他们的父母文化程度比较高、生活的社区文明程度比较高，因此学习能力和各种行为习惯都非常好。某种意义上来说，这些孩子是"让教师非常省心"的学生。

与此同时，部分学生来自比较艰辛的家庭和文明程度不够高的社区。这些孩子的个人卫生、行为礼仪都非常糟糕，放学回家后来自家长的学习支持也远远不够。事实上，这样的孩子最需要教师的帮助，帮助他们抵消家庭和社区带来的不利影响。

如何帮助呢？

（1）不回避，多建议。

在日常与学生家长的相处细节中，有时候能够很快地识别出孩子身上的某些问题，根源就来自他们的家庭文化。面对这样的情况，教师不要回避，要始终把孩子的成长放在第一位，主动而及时地向家长提出建议。

苏州有个很有趣的婚嫁现象：父母双方都是独生子女，结婚后生两个孩子，一个孩子跟爸爸姓，一个孩子跟妈妈姓。这就导致有的爷爷奶奶对跟着自己家姓的孩子格外偏爱，怎么看都格外顺眼；而不跟自己家姓的那个孩子身上所有的问题，就都是对方爷爷奶奶的基因问题。

有一次我陪订正作业比较慢的一年级女生A到校门口，因为比别的孩子稍微晚了几分钟放学，孩子的外婆抱着才三四岁的二宝不耐烦地多等了几分钟，就对着大宝A没好气地说："你看你，就是随你爸，跟你奶奶一模一样，做什么都慢腾腾的！"小姑娘的脸色立刻不好了，一声不吭地继续往外走。我知道她跟爸爸姓，妹妹跟妈妈姓。外婆气得继续喊："也不叫外婆，也不跟老师说再见。瞧瞧你那样！小宝，跟老师说再见。"二宝嘴巴很甜地说："老师，再见！"外婆很高兴地抱紧二宝，对着我继续说道："老师你看，小宝就随我们家，嘴巴甜，有礼貌。你看看大宝，就全随了她奶奶家。烦死了！"

我立刻意识到了女生A很多问题背后的原因了。我立刻跟孩子母亲通电话，约好时间面谈。面谈的重点是：作为母亲，她必须保护大宝不被家人伤害——哪怕是外婆，必须尽快召开家庭会议。如果外婆控制不了自己的言行，有必要重新调整他们的居住安排（他们家有多套房子）。孩子母亲终于把孩子的问题与外婆的言行联系起来，深觉对孩子保护不当，对着我懊悔至落泪，然后下定决心要约束外婆的言行，也决定立刻与外婆分开居住。

（2）不抱怨，多指导。

当教师发现学生有不好的卫生习惯之后，私下跟其他同事吐槽与抱怨，并不能帮助到这个学生，教师要正面去指导。如果是个别现象，可以私下交流。如果发生在不止一个学生身上，则可以开展整班性指导。

我带过一个班级，里面有好多学生是"积分入学"的。他们的父母工作格外辛苦，有超市理货员、快递员、加油站工作人员、外卖骑手、出租车司机、夜宵摊主……孩子放学后的那段时间，父母都还在忙于生计。父母下班到家的时候，孩子很可能已经睡着了。

9月入学的时候，天气炎热，孩子们运动量大，每天都是大汗淋漓。但是我在周二居然看到好几个孩子穿的是周一穿过的校服，衣服上、头发里全是浓浓的汗臭味。可见这些孩子的卫生习惯非常糟糕。

我用晨会课时间反复强调："小朋友到学校里来不仅要学习文化知识，还要养成良好的卫生习惯。有的小朋友的爸爸妈妈工作太忙了，没有办法管理好你的个人卫生。大家现在已经是一年级学生了，应该学习自己管理好个人卫生。"接着具体指导："夏天需要天天洗澡，衣服从上到下都要换。爸爸妈妈没空的话，要学会用洗衣机洗衣服并及时晾衣服。男生的头发要天天洗，女孩子的头发一周至少洗两次。春天、秋天和冬天最好也能天天洗澡，也可以减少洗澡的次数，但至少每周2~3次。不洗澡的时候得天天洗屁屁、洗脚，然后每天换内裤、换袜子。"然后我也会明确："我从明天开始，每天早上要闻闻你们身上的味道，看看谁的身上是香喷喷的。"到了秋天、冬天，我经常会在晨会课上问："昨天晚上洗澡的小朋友请举手，让我瞧瞧谁的个人卫生最好。"我还经常组织孩子们互相闻闻同桌头发的味道，比一比谁的头发最香。这也成为孩子们喜欢的一个有趣的小活动。同时，我也会把相关要求用文字的形式发给家长，告诉家长我在指导孩子这么做。这是在请家长配合老师，一起督促孩子养成良好的卫生习惯。

（3）不指责，多交流。

对儿童成长格外上心的家长，自然知道家里大人之间的谈话有的需要回避孩子，与孩子有关的评论也需要回避孩子。但有的家长就没有这个意识，有时候就会破坏儿童成长过程中的一些意趣。

比如，一年级下学期时实行全员入队。学校要求：每个家长提前给孩子买好红领巾，提前把红领巾交给班主任。班主任收集后交给七年级对应的班级，到时候有七年级的哥哥姐姐给孩子们佩戴红领巾。

我提前给家长发了这样的建议："我个人觉得由每个家长买了红领巾后让孩子交给老师，这种体验感对于孩子们而言不是特别好。感谢班级的热心志愿者家长夏同学妈妈的热心，会组织各位家长团购红领巾，然后由夏妈妈直接把整班孩子的红领巾交给我——不用通过孩子个人。"第二天早上，保安师傅就把一包红领巾送到我办公室。而且我很快就听学生说："我妈妈说的，我的红领巾已经让夏同学的妈妈买好了。"

在当天的家校通知里，我写了这样一段话："对孩子说这样的话，会破坏孩子入队的神圣感。爸爸妈妈们需要知道，有些话是可以不用跟孩子讲的。孩子对规则的敬畏心、对美好事物的期待心，千万不要因为您的一句话而破坏。这些敬畏、期待被破坏的后果，将来只能由父母承担，它是很苦涩的。父母在孩子面前的话语，建议一定要谨慎。当然教师在孩子们面前的话语，也需要谨慎。我们一起注意并努力哦!"

| 落实：落实孩子行为的"解释"，而不仅仅是"描述" |

在我刚工作的时候，的确经常会跟搭班的教师描述各种孩子的问题行为。描述的过程中，其实充斥着很多抱怨、不理解与束手无策。但我慢慢意识到，即便我一百次地描述那些行为，即便我的同事百分百地对我表达共情，也仍然不能解决那些孩子的问题。这时，我才真正意识到：所有让教师头痛、烦恼、充满挫败感的学生，才是教师专业成长路上最直接的助力者。是这些孩子，在倒逼着教师持续学习与不断成长。

我年幼时无法及时得到大人的抚慰——"大姨不是讨厌你"，固然一个原因是大人对儿童的情绪不关注，而更重要的原因应该是儿童很难准确地表达自己的情绪。以此延伸，孩子的问题行为的动机，教师去问无数遍"为什么"，意义也不大。我越来越确定：儿童的行为动机是用来观察的，而不是去询问的。所以，对孩子的各种问题行为，教师不该消极地去对他人"描述"——求他人对自己的共情，而应该积极地去"解释"——去落实对孩子行为的理解。

如何落实呢？

（1）多观察。

学生的问题行为必然不是孤立发生的，一定是有前因后果的。教师不要孤立地、片面地解读儿童的一个问题行为，而是要通过多接触，持续且细心地观察，才能真正发现问题的本质，才能找寻到解决的方法。

一年级刚开学没几天,有个女生C在校门口,时常与送她上学的妈妈进行长达半个多小时的"拉锯战"——死死拽住妈妈,无论如何不撒手,放声大哭,就是不肯进校园。妈妈的各种"哄"与"训"都无效,好几次她妈妈都被气哭了。很多次小C都是被在校门口护导的其他教师抱进来的——作为班主任的我,早上得待在教室或走廊里护导。

我自认且被同事们公认是一个对学生温和、和蔼,从来不大声说一句话的教师,在快速审视了自己与小C的互动情形后,觉得问题应该不在我身上。小C的妈妈也说,"问过孩子,孩子说很喜欢沈老师"。因为原因不明,我并没有鲁莽地在晨会课上开展"要爱上学"的教育,也没单独找小C谈话,而是在每一个课间持续、重点地观察她。

与此同时,小C的妈妈拜托我多提醒小C喝水,说早上给她灌满的一杯水,回家还是满满一杯。问过孩子,并不是喝完后在教室饮水机上续的——就是一口都没喝过。开学这几天,每天都这样。这真是令人心疼。每天1小时的运动量,那么炎热的9月,我每节课后都提醒大家"先喝水,再上厕所",她居然可以一整天不喝水!

之后的每个课间,我在提醒全班孩子之后,会单独提醒小C同学喝水。每个课间找我聊天的学生很多,但是身边围绕我的学生再多,我也重点关注她的喝水情况。她看到我的眼神,会打开水杯,把水杯放到嘴边,然后假装喝一口。只有特别细心地观察,才会发现她只是假装喝水。在随后的继续重点观察中,无论她小脸憋得多红,甚至身体在座位上扭来扭去,她也坚决不去卫生间,理由是"我不要小便",事实上这几天里她尿湿过裤子几次。

也许,这就是她早上在校门口跟妈妈"拉锯战"的根源?她不想去上学校的厕所,因此不肯喝水,更惧怕入校?但是我们学校卫生间特别宽大、明亮、整洁,洗手台很低,很多女孩子爱在镜子前逗留。她不肯去学校卫生间,一定有她的原因。作为教师,最重要的是帮助她克服这个困难。

我把班里一个发育较迟缓的孩子小D介绍给小C,告诉小C:小D需要帮助,需要每节课后有人陪她去上厕所。但是我太忙了,没有时间。然后我请求小C:你愿意每节课带她去上厕所吗?她上厕所的时候,你也可以顺便去小便。

这个请求很有效。小C看到了自己的力量——她可以代替老师去陪一个气场上比她更羸弱的同学,她可以帮助到小D。从那之后,她会主动告诉我:"我每节课后都带小D去卫生间。""我今天小便了×次。""我今天喝完一杯水后还去续了两杯。"自然,她也结束了每天早上跟妈妈在校门口的"拉锯战"。而解决这个问题靠的就是教师的观察——而非无数个"为什么"。

(2)多读书。

上述那个案例里,一个不肯进校门的一年级女生,真实原因是她不愿意去学校厕所。这个答案,不是孩子自己说的,也不是她妈妈转达的,而是教师自己观察出来的。解决的方法也不是长篇谈话,不是个别教育,而是教师的一个请求,请求她去帮助一个比她更弱的同学。为什么能够有这样的观察结果和解决之道?一定跟与我读过的书有关。

如果我不读足够的书,我一定不能确定"不追问孩子、多观察孩子"的理念,也很可能会用无数个"为什么"去问学生,让学生更加无助——因为孩子自己也不能准确地把"不上厕所、不喝水、不肯进校园"之间建立起连接。而读书的意义就是能够让教师对学生有更丰富的体察和更准确的洞察,也能储备更科学的知识,从而生发出更高效的方法。

这些年,我读过的书不算少。大致经历过几个阶段:少年时的文学阅读,后来的教育阅读,再后来的各种乱读书。读书状态也不断地改变:曾经用心在书籍上做批注,也曾经用电脑一字一句录入书籍上的大段文字,也曾经读后就忍不住写一点读后感(发表过很多篇,甚至在《中小学德育》上开过一年的"开卷有益"专栏),也曾经对自己读书有很多计划和要求。

我最喜欢读的仍然是心理学类书籍,但是东野圭吾很多小说里的片段促使我去思考人性与教师的意义。所以后来就越来越不限定自己的阅读,保持阅读就好,读后就忘也不留遗憾。

(3)多自省。

教师要保持自省能力。这倒也是我为数不多的优点之一,甚至有时候有"过于自省"的嫌疑。当学生个体出现成长问题的时候,应该聚焦在这个学生本人及家庭上。但如果是整班性的问题,教师就该多探究自己该承担多少责任,而不是一味地开展整班性的教育与批评。

这些年,的确也耳闻过部分班主任抱怨,甚至自己也目睹过学生不文明的就餐现象:在学校餐厅,很多孩子总是按捺不住想"冲"到餐桌,尚未落座就开始抢饭盒。其实,食堂工作人员已经给每个孩子准备好饭盒与汤,4盒一叠。但总有"聪明"的那一部分孩子,会以"分饭盒"的名义,通过透明的饭盒盖子查看哪一盒里的排骨最大，好留给自己。手脚慢的孩子，也常常会"检举"："老师，他总是抢着拿排骨最大的饭盒。"他们甚至没心思好好吃饭，就担心饭吃慢了自己只能拿被挑剩下的最小的水果。

面对这样的现象，如果教师只是抱怨"这个班级的生源差、这些学生的家庭教育不到位"，某种意义上说，也是一种推卸责任，没有承担起文化知识以外的教育责任。事实上，把学生教养成行为举止的"体面人"，本该是教师的职责之一。当自己的班上出现这些现象时教师就该反省：我应该提前做些什么？

我在带一年级的时候，就通过一个具体的活动，帮助学生理解"概率"。让年幼的学生建构起一个概念：这只是概率问题。我今天饭盒里的排骨可能大一点，那就高兴一下。明天的排骨可能小一点，那也不用急，后天就有可能拿到大的。当学生真正理解并接受之后，他们对每天的水果的大小、排骨的大小就毫不在意了，也就不可能会出现"争着第一个拿到饭盒""抢着看哪块排骨大""检举谁总是抢大排骨的饭盒""不好好吃饭就为了先选最大的水果"。

"行为体面"是一个道德概念，"概率"是一个科学概念。教师不能一味地用"行为不体面"指责学生的道德、素质问题，而应该多自省：是否巧妙地帮助学生建立起相关的科学概念，让他们能在概率问题面前保持行为淡定？

身在教育现场，工作 30 余年，我仍然保持思考，保持对儿童成长的敬畏。只有这样，所有的教育行动，才可能始终支持与成全儿童的成长，自己也才可能从中获取职业幸福。

附 录

一、专业成长部分成果

(1) 2009 年，执笔《福建教育》"英伦游学"专栏。

(2) 2009—2010 年，执笔《中国教师报》"石梅笔话"专栏。

(3) 2010 年，著作《英语可以这样教》，由中国轻工业出版社出版。

(4) 2011 年，执笔《中小学德育》"开卷有益"专栏。

(5) 2012 年，翻译作品《学习原来如此有趣》（译著），由教育科学出版社出版。

(6) 2013 年，执笔《教育观察》（下旬刊）"教育现场"专栏。

(7) 2015 年迄今，执笔《河南教育》（基教版）"教育现场"专栏。

(8) 2017 年，执笔《新班主任》"教育现场"专栏。

(9) 2017 年，著作《让学生看见你的爱》，由中国人民大学出版社出版（入选中国教育新闻网"2017 年全国教师暑期阅读书目"）。

(10) 2018 年，执笔《今日教育》"家长眼"专栏。

(11) 2022 年，著作《让教育真正发生》，由长江文艺出版社出版。

(12) 2022 年，著作《温和坚定做教师》，由中国人民大学出版社出版（入选中国教育新闻网"2022 年度影响教师的 100 本书"）。

二、媒体专访

1. 努力追寻美好的课堂

沈丽新老师从来不觉得"好的课堂"是靠检查、评比、竞赛造就的。好的课堂，只能在老师不断反思与实践中抵达。虽然她尚未抵达自己期许的最美好的课堂，但是，她真的持有了追寻它的信心与勇气。

"好的课堂"应该什么样？每一个教师都有自己的标准。每一个教师，都会循着自己的"好课堂"的标准，在课堂上站成自己愿意的模样。

（摘自《教师博览·原创版》2012 年 6 月封二名师介绍）

2. 把爱变成看得见

建立专业的师生关系，是一个需要教师耐心地掌握种种专业态度、专业策略、专业技巧的过程。只要我们秉持教师的专业素养，"把爱变成看得见"，师生关系将不再空洞，一定能够真实不虚地专业化。

（摘自《教育时报》2013 年 8 月 21 日"名师有约"）

3. 为负累的英语"解套"

我从未觉得自己是个"成功"的英语教师——这也从来不是我的追求。我只希望自己能够更好地帮助孩子轻松地学习英语，更好地陪伴他们成长。

在英语教学中，我想学生更喜欢英语课堂内外的氛围：老师的气场，课堂的节奏，师生的互动，作业的处理，测试后的评价……这些东西当中，如果有一两项打动了孩子，他们自然会喜欢课堂，并习惯老师的教学方法。

（摘自《教育时报》2014 年 8 月 27 日头版专访）

4. 我的爱要让学生看见

其实我一直是非常散漫的人，没有理性的职业规划。因为对我来说，我从前、现在、将来，都只是一名普通的小学教师。我没有想过要离开这个岗位。我认为，更高职称、更高荣誉，应该是努力工作后水到渠成的奖励，而不是奋斗的初心，更不该成为职业规划目标。如果一定要问我接下来的职业生涯规划，我想我只有一点：希望自己理解儿童的能力更强。

（摘自《今日教育》2019 年 12 月刊）

三、影响专业成长的 10 本书

（1）盖瑞·查普曼、詹妮弗·托马斯：《道歉的五种语言》，中国电影出版社，2007 年版。

（2）汉姆菲特、米尔、米勒：《爱是一种选择》，中国轻工业出版社，2006 年版。

（3）约瑟夫·墨菲：《潜意识的力量》，中国城市出版社，2009 年版。

（4）渡边淳一：《钝感力》，上海人民出版社，2007 年版。

（5）米切尔·恩德：《永远讲不完的故事》，二十一世纪出版社，2009 年版。

（6）鲁道夫·斯坦纳：《斯坦纳给教师的实践建议》，贵州教育出版社，2013 年版。

（7）马歇尔·卢森堡：《非暴力沟通》，华夏出版社，2009 年版。

（8）阿奈特：《长大成人——你所要经历的成人初显期》，中国轻工业出版社，2007 年版。

（9）约翰·泰勒·盖托：《上学真的有用吗？》，生活·读书·新知三联书店，2010 年版。

（10）艾德勒、范多伦：《如何阅读一本书》，商务印书馆，2012 年版。

四、问答

问1:"和学生成为朋友"合适吗?

答: 教师与学生在人格上平等,但教师是引领学生成长的专业人士。教师要让自己成为学生信服的那个人,而不该成为学生对你毫无敬畏心的玩伴。

问2:"我不想太卷",可以吗?

答: 当然可以。

所谓"卷",可能是教师在比较短的时间内评到更高一级的职称、参加过较多比赛并获奖。教师可以不那么"卷",但始终得把"教书"和"育人"这两件事做好。

问3:"教师成长"的终极目标是什么?先做行政吗?

答: 做行政是教师成长的方向之一。越来越喜欢教师职业,才能从中得到越来越多的乐趣。

问4:"不擅长写文章"是不是会影响教师专业发展?

答: 成为作家也许是需要天赋的。通过大学时代的学术训练,一般情况下,教师写教学论文问题应该不大。教师专业发展也并不要求教师一定要写很多教学论文。

问5:"不擅长上公开课"是不是会影响教师专业发展?

答: 教师在公开课的准备过程中,的确可以学到很多东西。"不擅长上公开课"就意味着你在比赛中得一等奖的概率比较低,这不重要。

重要的不是结果而是过程,每经历过一次公开课的准备,都会取得专业上的一次进步。

问6:"我好像也不擅长做课件"是不是会影响教师专业发展?

答:做课件属于技术问题。凡是技术问题,多请教、多练习,总会有提高的。

问7:"我对学生很多时候蛮严厉的,学生还是不听我的时候多,所以我常常容易跟学生急。搭班的某老师从来不对学生凶,学生却很配合。"这是为什么?怎么办?

答:你得仔细看这名老师跟学生的互动情形,听听他是怎么跟学生说话的,并且多多代入:如果是你自己,你会怎么说?坚持一个学期,你会有收获的。

问8:网上看到假期全国各地有很多教学活动,会有名家上公开课或者作讲座。我把假期排满了这样的学习,花了很多钱。有必要吗?

答:如果举行活动的那个城市也吸引你,就可以把旅游与学习合并安排。这样的学习活动暑假里参加一两次挺好的,如果太多次则意义不大——因为学习之后的自我消化也很重要,这也需要时间。

问9:班级期末平均分很不理想,但是我不想给学生施加太多压力。怎么办?

答:先自省,寻找自己的问题。成绩理想的班级,不一定是教师施加了太多压力。

问 10：学生当众对教师爆粗口，怎么办？

答： 私下教育，让学生承认自己的错误。然后鼓励他当众向教师道歉。

任勇卷

寄语年轻教育同仁：

人生之路，是一个不断自我完善的过程。

人生之路，也是伴随着足与不足的过程。

我常感到知足，又喜欢在足中寻找不足；我也常感到不足，又会静下心来，在不足中去感受足。足，是进步，是收获，是成功，是令人快乐的；不足，是缺憾，是失去，是差距，时常会有几声叹息。事情往往就是这样，从一个角度看是不足的，而从另一个角度看已经是很足了；但一味『知足常乐』，姑息缺点，宽恕懒惰，又往往会步入平庸。

足与不足，一切尽在认识自我、战胜自我中。

任勇

厦门市教育局原副局长、巡视员，厦门一中原校长、双十中学原副校长，特级教师，北京师范大学兼职教授，中国教科院特聘研究员。著述颇丰，享受国务院政府特殊津贴，荣获"苏步青数学教育奖"一等奖，获评"当代教育名家"称号。

"书"指一条路,"烛"照万里程

回想我60余年的成长之路,虽说没有我们上辈人的风雨坎坷,但也经历了家境贫寒、时代动荡、上山下乡、艰苦求学,经历了教育教学的多学校、多岗位锻炼,经历了人生和事业的潮起潮落,一路走来,遵循"感性做人,理性做事"的原则,在"学、思、研、行"中,不断去逼近人生和事业的最大值。

| 儿时家无书,邻家抄书读 |

记忆中,能回忆起的最早的事,是作为军人的父亲去部队时,把我扔进部队的小图书馆,他要我从小接受书的陶冶。小图书馆里尽是军人,我只看书的封面,什么也不懂。

转战南北的父亲,后来转业到龙岩山区的兵工厂。儿时的我,家里几乎没有书。我家邻居顾叔叔是从上海来的,他家有特别多的藏书。

当时我最爱看的是《电影画报》，图文并茂，什么秦怡、王心刚，我那时就知道了。在《电影画报》里，我读了很多写得很好的文章，对我至今的写作都有影响。其次，我爱看《科学画报》，每篇文章对我来说都是那么新奇。记得《科学画报》每期都有一些科学生活小常识或小窍门，每篇我都把它抄在一个小本子上，至今还记得一些。比如，如何让自行车使用"寿命"长？答案是：先骑半年后，将轮胎转180度；再骑半年后前后轮对调；再骑半年后，前后轮胎再对调同时再转180度。我用自己的车进行试验，果然"寿命"长。

顾叔叔家的书，不仅有图文类的，还有许多"深奥"的。如鲁迅的著作，《阿Q正传》《孔乙己》我似懂非懂地读了好几遍。有段时间，《唐诗三百首》我是一天抄一首回家读，最多时会背100多首，我给师生讲课时，不时会引用唐诗，听者惊愕，我风趣地说："这是童子功。"

顾叔叔家的书人文类的居多，但也有一些科学类的。除了《科学画报》外，还有数理化的书。记得有一本《数学千题详解》的书，我经常做上面的题，居然经常命中老师出的考题。越是命中，我就越是悄悄地多做，连班上的数学高手都不得不佩服我。有一次我用书上的方法解了一道难题，老师把我的作业张贴在教室门口。一位我非常喜欢的女生站在那里看，边看边夸。我装着没看见，心里却乐极了。

在那个缺少书的年代，顾叔叔家的书，可以说是我的启蒙读物，我有今天，要深深地感谢顾叔叔。他们家没有瞧不起几乎没有书、没有文化的我们家，他们家的书不仅惠及我，也惠及我的两个弟弟。他们比我更有成就。谈起我家兄弟，我常对人说：

"我家三兄弟,一个土博士,一个洋博士,我什么也不'士'。"

邻里有文化,我家受益多。

| 中学图书馆,借书第一名 |

我的中学是在龙岩侨中读的。那时的龙岩侨中,有一批非常优秀的老师,从省城和其他地方高校下放来的。教初中语文的张大英老师,上课非常有激情,几乎每节课都有小典故。教高中语文的陈和欣老师,上课风趣幽默。讲毛主席诗词《沁园春·雪》时,他就高歌一曲:"北国风光,千里冰封,万里雪飘……";讲到新疆话题时,他就用小提琴拉一曲《新疆之春》。当时我们班的学生都爱学语文,说心里话,并不是真心爱这个学科,而是"亲其师,信其道"。

数学课也很有意思,上的内容不太多,但实验活动特多。学一点儿三角知识,就用所学知识去测量纪念碑的高。学一点儿立体几何,就要求大家去做立体几何教具。每年寒暑假,数学作业不多,但一定有这道题:"用所学的数学知识解决一个生产生活中的问题。"我们几个男生,暗中较劲,听说谁在读一本什么书,我就设法也找书读,甚至多读书,用书中的新知识解决新问题。

学校里的图书馆,有两间教室那么大,里面有不少藏书。我们学生每次可以借两本书,半个月内要归还,某本书可以续借,但只能续借一次,不能长期借。由于我家几乎没书,图书馆成了我最经常光顾的地方,记得图书馆里有两本《三国演义》,我抢先借得一本,半个月读不完就续借再读半个月。虽然读完了，但不过瘾，还想再读一遍，我就找一位同学一起去借书，我还《三国演义》，他马上借《三国演义》让我读，我就用我的借书证借这位同学想读的书。图书馆每年进行一次学生借书统计，我有一年是全校第一名。

《三国演义》，我不知读了多少遍，书中为我们刻画了性情各异的历史人物：神勇无比的赵云，足智多谋的诸葛亮，诡诈多疑的曹操，粗中有细的张飞，情深义重的关羽，以及谦逊亲民的刘备。从某种角度说，《三国演义》奠定了我的文学、历史、智慧基础。

我初当班主任时，历史老师来告状，说我班学生不太重视历史学科，我择机出了一条灯谜让学生猜，学生一脸茫然，不知从何处入手，我说："你们不学好历史知识，竟然连谜面都读不懂。"猜完此谜，学生才知自己"知识浅薄"，不学好历史是不行的。

这条灯谜是："吕子明白衣渡江"（猜成语一）。

我说谜面是《三国演义》第七十五回回目，东吴孙权欲夺荆州，任吕蒙（字子明）为大都督，统领江东各路军马。吕蒙假装患病，按兵不动。信息传到荆州，关羽信以为真，麻痹轻敌，疏于防范。不料吕蒙暗暗调兵遣将，白衣白甲，偷渡过江，轻取了荆州。此谜机心巧运，据典成谜，谜底段读，成为"蒙/混过/关"。这里"蒙"是专指吕蒙，"关"则专指关羽，全句解作"吕蒙混过了关羽"之意。

知青岁月里，唐诗常相伴

知青生活是我一生的财富。

我无法想象，如果没有三年知青生活经历，我这些年能靠什么力量去面对一个个困难，克服一个个困难。有了知青生活经历的"酒"，今后什么样的"酒"，我想我都能应对。

我们下乡的知青点是农林场。知青点有一百多个知青，要想回城，最基本的条件是：会干所有农活，每种农活至少要干一个月，下乡至少三年以上。

知青点有农业组、林业组和后勤组，我先是到农业组干活，耘田、插秧、挖地、犁田、耙田、割稻、打谷等，最累人最辛苦的活是冬日里的耙田。赤足下到冰冷的甚至结冰的水田里，一脚下去再提上来一看，哇，蚂蟥挂满脚。我就不提起来看，就用脚往前推，试图把蚂蟥推掉，但常常是徒劳的，不知是蚂蟥吸得太紧，还是推走了前面的蚂蟥又来了后面的，反正抬脚一看，蚂蟥还是一串串。

知青生活是非常艰辛的，好在我的箱子里藏着两本书——《唐诗三百首》和《钢铁是怎样炼成的》。之所以说"藏着"，是因为如果你读书被别的知青看到，他们会把你划入"另类"，会认为你想"逃离"，会说你很"书呆"等。知青点三人住一间，我读这两本书，或是夜深人静拿着手电筒在被窝里读，或是屋里只有我一人时开箱拿书读，或是单独干农活时偷偷读……

在最艰难的岁月里，《钢铁是怎样炼成的》的主人翁保尔·柯察金的成长道路激励我要战胜困难，更要战胜自己，书的作者尼古拉·奥斯特洛夫斯基的顽强的写作精神鼓励我干什么都要坚持到底。

《唐诗三百首》当时能背下一百来首，还有不少不会背的，就悄悄再多背几首，"蹉跎岁月"有唐诗作伴，在一定程度上给艰苦的劳动带来快乐。到深山里去伐木，挑着沉重的木板行走在险峻的山路时，我会轻声地吟"噫吁嚱，危乎高哉！蜀道之难，难于上青天！"一边劳动一边迎高考，我以"天生我材必有用"增强信心……

| 为师寻道时，书指一条路 |

我读师专时，《人民文学》发表了徐迟的报告文学《哥德巴赫猜想》，轰动一时。这部里程碑式的作品，曾经感动和激励着一代人为"科学的春天"奋斗。作为数学系的学生，我在第一时间就设法找来杂志一口气读完，陈景润的奋斗精神和攀登科学高峰的毅力，点燃了我要学好数学的志向。《哥德巴赫猜想》成书出版后，我特地买了一本，放在枕边，不时翻看，百读不厌。

我们这代人，中小学期间在知识学习和人文科学素养方面有很大的缺漏。特殊时期的师专学习，教育专业水平也很有限。

初为人师的我，深感到自己才疏学浅、毫无教学经验，必须"恶补"。

记得有一次备课组活动谈到了读书，一位老教师建议我们读苏霍姆林斯基的《给教师的一百条建议》，说出来不怕大家笑话我,那时我们大多数人不知道苏霍姆林斯基是谁,不知道世间还有这样一本书。在后来的很长一段时间里,我每周细读书中的一两个建议。从某种意义上说,一百条建议是我教育人生的一块坚实的基石。

一个偶然的机会,我读了王梓坤先生的《科学发现纵横谈》一书,编辑的推荐语这样说:"作者以一个科学家的眼光,结合自己的亲身经历,纵谈古今中外科学发现的一般规律和过程,横谈成功所具备的德、识、才、学四大品质,是一部名副其实的励志名作。"

王老之作,展现科学之真、善、美,传播知识、激发兴趣、启迪智慧。内容纵览古今,横观中外,语言浅显易懂,生动有趣。我在给学生讲"学习方法"时,还用到了王老所讲的林黛玉的学习方法——从精于一开始。

追踪几位教育名师,是我"恶补"的一种学习方法。如在北京师范大学培训时,我听了裴娣娜教授"教育研究方法导论"的讲座,学术味浓,我听后很有收获。我认为她是代表当今中国教育科研中最具学术性的专家之一。追踪她,就等于追踪了中国最高水平的教育科研,掌握了教育科研的最新动态。

在北京师范大学我还听了肖川博士的报告,他那本《教育的理想与信念》,我读了好多遍,那注重人文性的激扬文字,那发自肺腑的真言实语,给人以反思和启迪。追踪他,就等于了解了中国教育最前沿的思想,对教育有了全面、系统、深刻和细致的理解。

购买他们的书,收集他们的文章,是一种追踪;找机会向他们请教，索要一些资料，也是一种追踪。我想，以我对事业、对学生的忠诚与爱心，以我对教育、对科研的执着与追求，他们是会为一个基础教育的探索者铺就路石的。

│　教育恒久远，书香传千秋　│

儿时我家几乎没有书，如今我家却有一房一厅作为书房的万卷藏书。坐拥书屋，书于我，是诗，是沉思，是面包，是空气，是所有的一切。我能体会到大学者钱钟书先生一生"不求万物，唯求一书"的境界。是啊，无欲一身轻，有书万事足。

在书屋里，我读了许多数学教育经典著作，如数学教育家弗赖登塔尔的《作为教育任务的数学》、波利亚的《数学的发现：对解题的理解、研究和讲授》、克莱因的《高观点下的初等数学》等。

我不仅学习国外的教育名著，还更多地学习我国教育家的著作，如北京师范大学曹才翰、丁尔陞、钟善基教授的著作，华东师大张奠宙、唐瑞芬、李士錡教授的著作，数学教育名家顾泠沅、章建跃、张景中、谈祥柏等的著作。

读书，我既读数学教育理论的，也读数学教育实践的；既读高深数学的，也读数学普及的；既读高考数学的，也读竞赛数学的；既读老一辈数学教育专家的，也读数学教育新秀的。这样，对数学、对数学教育有了相对全面的系统的认识，为数学研究奠定了较好的基础。

我担任学校教研室主任后，"数学之读"没有停，又读了大量的教育研究方面的书；我担任校长后，"数学之读""教研之读"没有停，又读了大量的学校管理方面的书；我担任副局长后，数学的、教研的、学校管理的书仍在读，又读了大量的区域教育管理和人文科学方面的书。印象较深的有《北大讲座》和《教育大境界》。

中华民族文化的宝库中蕴藏着丰富的教育思想。不说别的，就说孔子的教育思想和教育方法，就够你学一辈子了。《论语》《论语解读》等，我算是细细读了好几遍，至于中国古代其他教育家老子、墨子、孟子、荀子、董仲舒、王充、韩愈、柳宗元、王安石、朱熹、王守仁、李贽、徐光启、王夫之……他们的教育思想，我是从《中国古代教育家思想解读》《中国古代学习思想》这类书中获取的。

我还读了不少外国教育名著，如夸美纽斯的《大教学论》、杜威的《民主主义与教育》、蒙台梭利的《童年的秘密》、马卡连柯的《教育诗》等书。近年来，我又读了帕尔默的《教学勇气》、雷夫的《第56号教室的奇迹》、佐藤学的《静悄悄的革命》等书。我今天所形成的教育思想和教育理念，都是受到上述古今中外书籍观点浸润的综合结果。

记得有一位专家这样说："不读《论语》，不读杜威，不读苏霍姆林斯基，是成不了名师的。"阅读是为了借鉴，读着读着，我们就站在了巨人的肩上，让我们渐渐地看到了远方。

附 录

一、专业成长（含个人教育教学上的学术性成长）

（1）1984年，在《数学教学》（华东师范大学主编）上发表第一篇论文。

（2）1986年，被评为福建省优秀青年教师。

（3）1988年，第一本书《初中学习方法与能力培养》，由西北工业大学出版社出版。

（4）1989年，获评福建省科技教育十大新秀。

（5）1992年，被评为中学高级教师。

（6）1994年，被评为福建省特级教师。

（7）1995年，被评为福建省优秀专家。

（8）1998年，享受国务院政府特殊津贴。

（9）1999年，获评"苏步青数学教育奖"一等奖。

（10）2004年，获评全国学习型家庭。

（11）2010年，入选教育部"国培计划"首批专家。

（12）2015年，入选教育部中小学校长国家级培训专家。

（13）2017年，获评"当代教育名家"称号。

（14）截至2023年，应各地各院校邀请讲学2260场。

（15）截至2023年，累计在各类刊物发表各类论文1248篇。

（16）截至2023年，累计出版著作110部（专著42部，合著45部，参编23部）。

二、媒体专访

好教师的四个境界
——访厦门市教育局副局长、特级教师任勇

（《教师月刊》2010年第1期，采访人：朱永通）

好教师并非一个抽象的概念

教师月刊： 任副局长好，非常高兴能在您的书房里采访您。书香浓郁的地方是孕育思想、知识的天地。您是从一线老师到学校行政人员，再到局领导，一步一步走上来的，这一历程中，您一定深刻感受到，阅读和研究其实是为自己日常忙碌的生活洞开一扇透亮的精神之门。

任勇： 是的，是这样的。文明社会所指的"一贫如洗"的人，更多的是精神层面的，即不读书不学习的人。所以，一位好教师在气质上，首先要有读书的气质。

教师月刊： 说得太好了，我们今天要谈的就是"寻找好教师"这个话题。您本身也是一位非常棒的教师，在您心目中，好教师有哪些基本的品质？

任勇： 在今天的社会里，教育倍受关注，但很多人，甚至包括一些教育学者，对于教育的认识还是比较诗意，比较理想化一点，与现实的教育有太多的隔阂。

今天中国的教育，你要真正走进去，要真正了解老师工作、生活等的真实生存状况，才能够有这种深刻的感悟。所以，"好教师"并非一个抽象的概念，也并非一个远离现实尘嚣的完美形象，现实中的好教师，他（她）很平常，但他们各有各的风格，就像我太太，她跟我比，

我们两个人是性格完全不一样的人，她就是一个很"凶"的老师，很严厉的那种。

教师月刊： 是吗，她是教什么学科的？怎么个"凶"法？

任勇： 她是教外语的，她虽"凶"，但她教过的学生对她都非常非常好，春节的时候，我们这两个房间都坐得满满的，没位置，地板上都坐着人。她的学生时常会约着说，"我们去看看郑老师"。很多学生都这么回忆，哪一次被她骂，尝到被她严厉批评的滋味。她的风格就是这样，那你能说这样的老师是不好的老师吗？你说她很好，我也不敢说，但是，至少从学生的成长来看，她教了30年的书了，一直到现在，她教过的学生，都认为她是他们一生中遇到的最好的老师之一。

所以，作为一本教师读物的《教师月刊》，去"寻找好教师"，有时候还要换一种角度去想想何谓"好教师"。这就是我抬出我太太这个例子的原因。

教师月刊： 是的，一本好杂志，它总是努力在缩短理论和现实的距离。

您太太的这个例子确实蛮有代表性，其实对于教师来说，严格也是一种爱，关键是教师至少要让学生体会到严格背后的关心、爱护，当学生懂得你是真诚地关爱他们时，教育就是水到渠成的事情了。

任勇： 对，这是基于爱的一种严格，比如说，有些学生，作业经常没做，这些学生就早早来校抄别人的作业，我太太摸准了这种规律，就比学生还早到教室，学生一到，她就叫他们把作业交上来。

因为那些学生肯定是来抄作业的，交不出作业，就没什么好说的。她就是这样，直截了当地把学生的问题点出来，没有绕弯子，也没有像一些老师所说的"千万不要伤害这个孩子"，而是用一种很巧妙的方式

"保护"孩子。她还是认为学生这种行为是不对的,然后就很严肃地指出来:"你平时一定要认真学习,不要投机取巧,必须通过自己的努力获得成长。"

中午,她就把一小部分学生留下来,带到我们家来。她一边炒菜,一边叫这些学生在厨房边的凳子上做作业,她对学生说:你们自己做,我的事也不耽搁,我女同志该做的家务我照做,做迟了就在我家吃饭。

她就是这样子教育学生的。这些学生说,每每回忆起这样的事情,就觉得,当年在老师家厨房边做作业,对于他们的教育太大了。她的风格就是这样,严格,较真,直来直去,没有一丝一毫的含糊,所以,学生会很"怕"她,但又都喜欢让她教。有一年,她刚带完一届高三,学校决定让她再教新高三,有一个班高二结束时在年段当中排最后,高三了,学校就决定把这个最差的班交给她。开学了,她人还没有到,全班就已经传开了,"我们下学期这个老师很严格,很严厉",所以,一下子,这个班级的班风就完全变了一个样子。经过师生共同努力,这个班从最后一名,冲到第三名。这个年级理科共有 14 个班,跃居第三实属不易!

这就是严师效应。有些老师,站在教室里,整个班还是乱的,她呢,人还没有到,那个班的学生就开始说:"我们不能再这样下去了,因为我们新来的班主任非常严格!"

教师月刊:是的,开始自我规范,这应该就是我们所说的"严师"正面的、积极的意义之所在。

好教师的四个境界

任勇:我们今天的话题不是想说我太太的吧,哈哈。

教师月刊：其实，从你太太身上，我们得到一个很好的启示：所有受学生欢迎的严格的教师都有一个共同特征，他们都非常爱学生，所以，对于好老师，应该有一个多元化的评价，但其中还是有一些恒定的因子的。

任勇：是的，需要一个多元化的评价。当然，对于好老师，我的一个基本观点是："为师四境界"。境界1=德，境界2=德+能，境界3=德+能+智，境界4=德+能+智+魂。

教师月刊：不愧是数学教师，你说它们之间是一种递进式的关系。

任勇：是的，无德不能当老师，无能不能当好老师，这是一个最基本的要求。第三个境界就是智，智慧，当教师要有智慧。第四个是"师魂"，当然，"师魂"是一个最高的境界。所以，对于好教师，我的一个基本的观点是，做一个"德、能、智、魂"合一的教师。

那么，再回过头来讲"德"，作为一个老师，"德"就是要你有"爱"和"责任"，这是最基础的。

教师月刊：对的，这应该是教师的基本精神要素。

任勇："爱""责任"，大家都会说，但最为关键的是你如何在现实中去践行，像我太太那样很严厉地要求学生，她也是基于一种爱，当然，她的爱不排除是狭义的，所谓狭义，讲白了就是：你既然选择了重点中学的高中，你肯定是要上大学的，那她的爱就是希望你在我的教育下，你本来可能考上一个专科，或者能考上一个本科，我让你考到重点大学去。我是基于这样的一种"爱"来爱护你，要求你，这种爱也蕴含着一种责任，因为这也是对你父母亲负责、对你的人生负责的方式之一。

每个人都需要跃上一个人生发展的平台，这样的平台，我为什么不在你十八岁的时候就为你铺设好呢？

为孩子在他们人生关键阶段铺设好对于他们而言相对不错的平台，这就是"爱"和"责任"。接下来谈"能"，教师的能力，这里特指教师专业发展中的专业能力了。

教师月刊： 是的，这是教师的看家本领！

任勇： 是啊，好的老师，他一节课，可以给学生留下很多思考的东西，他带一个学生，带了几年以后，学生从他的教育教学过程当中可以得到人生的、知识的、兴趣爱好等方方面面的一些影响。

有些老师，他"德"很好，但是他"能"不够，这种老师往往就会事倍功半，他会用他的爱心在下课之前说：同学们，下午第三节课留下，我再给你们补课。像这种情况，虽然现在我们的学生意识还不强，但不排除到了某个时刻，我们的家长，我们的学生，会说你侵犯"人权"——下午第三节课是自习课，我为什么要学数学呢？我可以去读书，我可以做我想做的事情，虽然是自习课，但是现在变成我们全班人都在听你的数学，因为你很有爱心嘛，你没有拿任何报酬嘛，你就又给我们上课了！

但是，这些东西是在上午那节课教师应该完成的，你没完成是你的能力不够。现在很多地方都有"师德报告团"，当然这是必要的，但是在我看来，应该还要有一个"师能报告团"，或者叫"德能并重报告团"。当然，这个"师能报告团"所做的都是建立在师德良好基础上的这样一种报告，它的核心在于告诉老师怎么打造好自己的专业能力。

教师月刊： 好的，那么好老师再往下加，就是"智"了。

任勇： 从某个层面来说，有"智"的教师很多。我记得小时候我的一个小学老师，她教我们写字母"B"。所有的初中英语老师都教过这个大写的"B"字，但为什么有的小孩写B字很不规范，怎么样写的都有？我们的老师她教我们先写一竖,一竖写完了,她转过身,面对全班学生,说了四个字:"把笔放下。"我们就听到全班"啪、啪"的声音,笔都放下了。然后她又说:"笔都放下,不要写了,看啊,黑板上是一竖,看清楚没有？看清楚了,再拿起笔,再写右边那个像 3 一样的部分。"因为当时有些小朋友就先写一个像 3 的这边,再写一竖。现在还是有很多小朋友,包括一些成人,他们都是先写一个像 3 的这边,然后再写一竖。

可是这个老师让我们"把笔放下"以后,我们那个班从来不会先写像 3 的这边,再写竖。

教师月刊: 因为"把笔放下"这个细节你们记住了,从而牢牢记住了"B"的书写顺序。

任勇: 是啊,我记了一辈子,而且我曾经想写一篇文章《"把笔放下"》,这个标题是加引号的,以此来强调老师的智慧。我说的"智",它往往是不经意间发生的,关键是你怎么在不经意当中,去把它生成一种好的东西,这要看教师平时的功底了。所以,"智"同时也是一种修养的境界。

教师月刊: 就是说教师要有素养,没有素养的老师,他往往容易犯很低级的错误。

任勇: 对。比如说,有个学生在教师节送给老师一张贺卡,他在这张贺卡上写了一段小诗,这段小诗是他想了一个晚上写出来的,写完了,还画了一些小图案。

那位老师在教师节收到了很多贺卡,或许在他看来,这很平常。刚好这天他泡了一杯茶,就把这张贺卡当作底垫压在杯子下,一不小心,茶水滴到贺卡上去了。

刚好这个学生来办公室交作业,看到自己的贺卡被压在茶杯底下,被茶渍浸润着,"刷"地,这个学生犹如雷击,从此不理这位老师。

教师月刊: 而这位老师还蒙在鼓里,不知道什么原因。

任勇: 不知道。这么乖的孩子,还给我送贺卡呢,怎么突然间,变得这么怪?还有一些老师,不小心把贺卡扔在纸篓里。我们讲什么是智慧呢,就是说,你再没地方存,实在想扔的话,也不能扔在学校里,你稍微动动脑筋,是可以找到合适的处理办法的。

以前,还有些老师,把从学生那没收来的小球放在办公室,不小心被自己的孩子拿去玩了。教师没收的东西多了,可能就忘记这件事情了,这个也没有一种制度规定班主任没收了学生某个东西,不是很贵,也就只有一两块钱的东西一定要上交到学校那里去。而有些教师时间长了可能就忘记这个东西是谁的了。而那些东西被没收的孩子,可能从此就对老师有成见了。

教师月刊: 所以,没有一点智慧的老师,同时也是修养意识远远不够的那种老师。

任勇: 那么,说到"师魂",这个境界就更高了,他完全不是把教师当作一个职业,或者一个事业来做,他是一种期许,一种播种,他的教育教学的过程,能够在每一个孩子的心中留下一些值得眷恋的美好的东西。当学生走向社会的时候,能够心怀对教育的这种眷恋。

我们不指望每颗种子都能发芽,但是你的这种播种,可能在某个学生身上发芽,也可能不发芽,但它也可转化为学生的一种智慧、一种积蓄。

你像沈元老师,他是陈景润的中学数学老师。他有一次上完课,留下几分钟的时间,和学生聊数学,他说:我们数学是了不得的,数学是科学的皇后,也就是说数学首先是科学的基础。我们今天上课讲的数论,是皇后头上的皇冠,刚才我们不是讲"哥德巴赫猜想"吗?这个"哥德巴赫猜想"任何一个大偶数,比如说 4、6、8 都可以分成两个素数的和,四等于二加二,二和二是素数,八等于五加三,五和三是素数。一直下去,你不能永远地找下去,这要证明他确实就是,可是没有人证明出来,所以叫"猜想"。"哥德巴赫猜想"就是那个皇冠顶上的那颗明珠,哇,那等于是最尖端的一个东西。

全班的人都笑了。徐迟写的报告文学《哥德巴赫猜想》,没有写陈景润笑了没有,但是他说这件事情在陈景润幼小的心灵里留下了一颗种子。在学生幼小的心灵留下种子,就是走进了一种魂的境界了。

教师月刊: 刚才任局长谈的四个境界,它应该是一个递增的关系。

任勇: 是的,它是递增的一种关系,也是评判的一种尺度,你说低层次的好就得了嘛,再好一点的层次就是加上"能",我们就用加法,再好就是加"智",最好就是加上"魂"了。前面已经列了式子了。当然,你还可以从很多角度说一位好教师,你比如说一位好教师,他是有自己风格的,有自己独特的风格,你可以认为是一位好教师的一个方面。

三、影响专业成长的 10 本书

(1)蘅塘退士:《唐诗三百首》,商务印书馆,2015 年版。
(2)罗贯中:《三国演义》,人民文学出版社,2019 年版。
(3)尼古拉·奥斯特洛夫斯基:《钢铁是怎样炼成的》,人民文学出版社,2018 年版。

(4)徐迟:《哥德巴赫猜想》,人民文学出版社,2017年版。
(5)苏霍姆林斯基:《给教师的建议》,长江文艺出版社,2014年版。
(6)王梓坤:《科学发现纵横谈》,北京师范大学出版社,2020年版。
(7)裴娣娜:《教育研究方法导论》,安徽教育出版社,2018年版。
(8)肖川:《教育的理想与信念》,岳麓书社,2020年版。
(9)《北大讲座》编委会:《北大讲座》,北京大学出版社,2013年版。
(10)东缨:《教育大境界》,教育科学出版社,2014年版。

四、问答

问1:把课备好,有什么绝招?

答: 备好教材,心中有书;备好学生,心中有人;备好教法,心中有术;备好开头,引人入胜;备好结尾,引发探索;备好重点,有的放矢;备好难点,突破难点;备好作业,讲求实效;备好学案,渗透学法;备透理念,融会贯通;备多用寡,左右逢源;备之终身,养成习惯;备中研究,深层探索;备出意境,空谷传神。

问2:把课上好,有什么绝招?

答: 每课一趣,每堂一赞,每日一题,一题多解,一题多变,一题多用,主体参与,分层优化,问题解决,贴近生活,创设情境,让生上课,有意差错,借题发挥,过程教学,分组讨论,先学后教,活用媒体……

问3:如何追求"诗意课堂"?

答: 灵性——诗意之魂;有趣——诗意之基;很美——诗意之境;

有用——诗意之需；惊喜——诗意之法。

问4：名师之路，路在何方？

答： 名师之路，没有什么秘密。名师之路：学，思，研，行，著。

学：学科深学，教育恒学，文化广学；思：学而我思，学而善思，学而深思；研：学科之研，教学之研，教育之研；行：行有理念，行有主张，行有魅力；著：著有动力，著可立言，著成学者。

问5：中小学教师一定要进行教育研究吗？

答： 最好要，因为"研究让教育更精彩"。

研究，提升精神的高度；研究，保持思维的深度；研究，拓展知识的广度；研究，具备透视的远度；研究，追求探索的精度；研究，改变眼界的角度；研究，超越自我的气度。

教而不研，多成经师；教而研之，多成明师；研而行之，多成名师；研行著之，多成大师。

问6：当下学校提倡教师教学要有"微主张"，教师怎么看？怎么做？

答： 微主张，人人可为；微主张，唯特唯新；微主张，理当论证；微主张，且思且行；微主张，微出风格；微主张，形成路径；微主张，寻道有价；微主张，追求价值；微主张，辩证评判；微主张，悄然发生；微主张，浅入深出。

微主张，微小而精准，巧妙而创新；微主张，看起来小，但孕育着大的突破；微主张，不可低估，微主张里有大世界。教学主张：始于微，行于远。

问 7：如何上好常态课和公开课？

答：常态课要基于"整体谋划"下的"精心备课"，要基于"依标尊本"下的"融入理念"，要基于"继承传统"下的"创新实践"。公开课要体现"教明其道"下的"教精其术"，要体现"教学主张"下的"教学风格"，要体现"教学常态"下的"教学探新"。

常态课追求长远效益，我们要立足长远来谋划，去形成连贯的整体效应；公开课注重短时的效果，我们要立足短时来构思，它既是常态课的极致体现，更应成为教育探索平台。

常态课与公开课的理想追求：常态课"大气"一点，公开课"才气"一点；常态课"傻气"一点，公开课"灵气"一点；常态课"朝气"一点，公开课"和气"一点；常态课"喜气"一点，公开课"秀气"一点；常态课"书卷气"一点，公开课"沉住气"一点。

期盼常态课与公开课都能"气"象万千，都能步入理想之境；期盼常态课能"常"出新"态"，摒弃问题，师者多用心于"常态"，让常态课从基本样态走向理想境界；期盼公开课能"公"而盛"开"，让公开课成为常态课的精彩课例，成为理想课堂的范例，成为教学新探的案例。

问 8：青年教师如何规划教育人生？

答：第一，自主规划——觉者为师；第二，科学规划——专家指导；第三，践行规划——自我管理；第四，完善规划——怀揣梦想；第五，超越规划——实现新我。

"知人者智，自知者明。"认识自我、发现自我是制定规划的基础，明智之师就是努力让长处再凸显，努力将不足早改进。

"谁能战胜自我，谁就天宽地阔。"完善自我、战胜自我是实现规划的关键,人生之中最大的敌人也许就是自己,战胜自我是人生最大的胜利。

"超越梦想,不是梦想!"实现自我、超越自我使超越规划成为可能。初为人师的我,心想能发表一篇文章就不错了,在 26 岁时有了处女作,确实没想到写到现在已发表 1200 多篇文章;30 岁时写了第一本书,更没想到现在出版了 100 多本书,这些算不算"超越"?

"我的未来我做主",青年教师们,设计自己的教育生涯,自觉而幸福地追求卓越吧!

问 9:教师如何自我减压?

答:一是教育情怀的高远追求;二是教学技能的娴熟练就;三是教育智慧的创新实践;四是时间管理的合理运筹;五是锻炼身体的习惯养成;六是抗压能力的积极训练;七是心理素质的不断提升;八是合理借力的主动作为。

为师减压时不我待,等别人帮我们减压,"漫漫远路",为师者积极自我减压,也许是一条当下最可行的"减压之路"。

问 10:师者,如何做更好的自己?

答:"有好的教师,才有好的教育。"教师如何是"好"?

我以为教师宜遵循"没有最好,只有更好"的发展理念,不断将自己的生命潜能和价值有目的、有方向、有策略地延伸与扩展,做更好的自己。

在全面发展中走向"更好",在自主发展中走向"更好",在充分发展中走向"更好",在持续发展中走向"更好",在专业发展中走向"更好",在特色发展中走向"更好",在跨越发展中走向"更好",在和谐发展中走向"更好"。

朱煜卷

寄语年轻教育同仁：

一位小学语文教师应该不断追求的三项核心素养是，科学的学生观、高超的文本解读能力、娴熟的教学技巧。在教学中，教师要将宏大叙事变成细微操作，在循序渐进中，实现师生的共同精神成长。

朱煜

中学高级教师，华东师范大学硕士研究生兼职导师，中国教育学会名师巡讲团特邀讲师。上海市写作学会会员，中国吟诵学会会员。曾获全国小学语文教师素养大赛特等奖，上海市园丁奖，全国小语十大青年名师，全国小学写作教学名师等称号。著有《教书记》《讲台上下的启蒙》《把孩子教聪明》《赵清遥的作文故事》《赵清遥的阅读故事》"让课堂说话"（三卷）等十余种专业书籍。近年致力于小学语文单元整合教学的研究。现执教于上海市浦东新区建平实验小学。

专业成长中的人与事

中师生活

中考前两个月,有中等师范的招生考试。我报了名。记得当时,班主任背着手边走边对我说:你想做老师的话,为什么不念大学,以后做中学老师?考试分面试和笔试,用现在的话说,我是"裸考"的。因为不知道应该准备些什么。我只记得英语考了85分。初中英语老师知道后,对我说,考得太差了。平时我的英语成绩一直在90分以上。那时报考中师的,绝大多数是女生,男生相对比较容易被录取。

师范里的课程很丰富。除了文化课之外,还有很多专业技能课程和社团活动。我参加过影评社,社团活动通常是在晚上。其他同学晚自习时,我们经常在校外看电影。我还参加过话剧社。第一次活动要求做一个吃瓜子的小品。我觉得自己做得不错,没想到竟挨了批评。我生性内向,参加几次活动后就退出了。

师范老师中有不少高人。生物老师是资深集邮爱好者,收藏了很多绝版邮票。书法老师是画家，师从胡问遂和陆俨少两位大家。政治老师能写一手漂亮的毛笔字。历史老师是自学成才的学者。教务老师能画油画、拉小提琴。校园里的花匠竟然毕业于复旦大学历史系。与老师们交往，他们的人生故事、精湛学问、有趣灵魂，让我眼界大开。

师范里的学习负担不重，我们也没有什么应试压力。语文课上我们将剧本《茶馆》的片段排演成课本剧。音乐课上，我们分小组自弹自唱。有特长的同学可以在校内办画展、书法展。一个同学既能吹小号，又是电脑高手，学校就为他安排了个性化课程，给予他一定的自由支配时间。

丰富的课程与活动让我学会了许多技能，比如，刻蜡纸，粉笔画，弹钢琴，我甚至还学过芭蕾手位。从教30多年来，越来越觉得中等师范教育是真正的素质教育。这样美好的教育，使得我踏上讲台后没有走过弯路。

| 怀想春风 |

商友敬先生不是我一般意义上的老师，因为我从没进过他的课堂，听过他的课。可商先生又是我最重要的老师，他的书房就是我的课堂。

1993年，因为好友的介绍，我认识了商先生。那时，商先生住在一幢老式公房的底楼。房子很小，采光不好。商先生用一个过道间当书房，我们就坐在书柜上，喝着先生泡的茶，在昏黄的灯光下聊天。我还看见书架上有一套《海上述林》。那是鲁迅先生编辑的最后一种书，以前只是听说，那天见到实物了。中午,商先生请我们到近旁的小饭馆里吃饭。老板见了,笑着说:"商老师又请学生吃饭啊。"

不多久,商先生搬家。我和几个同学去帮忙搬书。新居有两间房,一间便做了书房。书搬完,老师给每人一本书。我得到的是《知堂小品》。书前面有舒芜先生的序。序言写得很好,老师在旁边用红笔画了很多圈。在一句希腊古格言"知道你自己"的下面,老师还画了曲线。现在我仍经常翻看这篇序言,特别是有圈点的地方。比如:"周作人散文和读者的关系,大部分都是朋友之间的漫谈……读者感受到的是平等的亲切……""周作人散文……看似一挥而就……其实有无限的意匠经营。""在周作人的散文中,悬串着两个特色,一是始终追求'人文的全体'……另一个特色是极度珍重思想的自由,判断的自主。"这些圈点对我以后读周作人的作品产生很大的影响。这样的圈点让我逐渐明白如何读书、如何思考、如何写文章。

商先生后来又搬了一次家,书房更大了。可我还总怀念老师原来的那间书房。它朝南,出太阳的时候,房间里满是阳光。阳光里,先生坐在摇椅上,取过一本自己刚出的新书,在扉页上写上"朱煜仁棣留念",然后笑眯眯地递给我。这样的情景实在叫人难忘。

那时,我当教师不久,对于如何教语文一片迷茫。好像是一个冬日,商老师打开一本王尚文先生的《语文教育学导论》。书上照例有很多圈点。他指着书读起来:

"工具说"的致命失误在于它割断了语言和人之间的先天脐带,把"人"赶出了语言教育的课堂。由于得不到作为人的生命活动、精神活动的滋养，语言于是成了僵死的如同锯子、刨子、凿子一样的工具，不管教师再怎么努力教，学生再怎么认真学，语言这一工具始终是一种"异己"的对象而难于掌握。

这段话对于当时的我可称得上是振聋发聩。从此，我成了王先生的忠实读者，并把书里的观点用在自己的实践中。商老师还说起自己刚走上讲台时也不会教书，去请教谭惟翰先生。谭先生说，好的语文课应该将作者的行文思路、教师教学的思路、学生学习的思路融合成一条思路。这话过去似懂非懂，更不能实践。现在懂了，也在教学中努力落实，且深感幸运——能在初上讲台时就有前辈为自己指了一条正道。

在书房里，商老师总是兴致勃勃地讲趣闻掌故，谈教育、谈读书、谈世情。一边说一边从书架上找出相关的书来，很快地翻到某一页，读上一小段。读到会心处，必定哈哈哈地笑着说："好极了！太好了！"看着老师的笑容，根本想不到他曾饱经磨难。我常被这笑声感染，因为在笑声的背后有一颗赤子之心。

没有商先生，我就不是现在的我。先生在思想、专业、生活、读书诸方面时时给我启蒙、点拨和帮助。先生去世后，我经常沉浸在哀伤的回忆中，回忆与先生交往的点点滴滴。1996年，我写了一组书信体随笔，谈自己对语文教学的感想。商老师读了，立刻把文章推荐给《浙江教育》杂志。不多久，文章发表，这是我第一次发表专业文章。1997年，商老师约我一起编写人教版课本的作文教参，我编了五年级一册。那是我出版的第一本书。1998年，商先生把我介绍给一些办学机构，每周给小学生上一次作文课。上课时，学生在前，家长在后，所以每次上课都必须充分关注学生的学习状况。这样的磨炼使我提升了教学技能，更逐渐树立了以生为本的理念。2002年，商老师引荐我加入《新语文作文》的编写团队，我由此结识了钱理群先生、王栋生先生等前辈，得到许多教益。先生一贯奖掖后进，对学生们一片赤诚，无微不至地关心，类似事例不胜枚举。

商先生酷爱读书。他去世前两周，我去医院看他，他从床头取出两本书给我看，一本是周质平的《胡适与中国现代思潮》，另一本是《叶嘉莹说汉魏六朝诗》。这是商先生生前读的最后两本书。前一本是2002年出的，想必先生原来读过，住院时想重读。后一本初版于2007年，估计先生买后没有来得及读，因此带进了医院。我以为一般情况下，人在生命最后时刻想读的书必定是自己最感兴趣的或者最能激起共鸣的。

商先生是一位具有典型传统读书人特质的现代知识分子。

商先生出身世家，交游广泛，年轻时得到名师指点，对传统文化钻研很深，对古诗研究更有独到见解。商先生一生中最美好的岁月是在冤狱中度过的。有一次，我问他如何熬过那段日子，他只说了三个字："背唐诗"。可见，传统文化不仅是商先生做学问的领域，更是他精神家园的基石。先生吸收了传统文化中的精华，成为有风骨的知识分子，虽历经磨难却未被击垮。更可贵的是，商先生不断读书不断反思，具有强烈的现代意识，他洞明世事，提笔著文，鞭笞丑恶，传播常识。他把十余年磨难化作教坛春风，让学生懂得中国的前世今生，明白世界大势。

1992年3月里的某天，经人推荐，贾志敏校长到我就读的师范学校找到我，他的学校缺少师资，希望我提前毕业，上岗工作。虽然之前我听过贾老师的报告，但真正相识应该是这个时候。就这样，贾老师领着我走上了讲台。先教美术，再教数学，还当了大队辅导员。一个学期后，我向贾老师提出，想教语文。贾老师同意了。那时，贾老师正在准备《贾老师教作文》的讲稿。不多久，电视台开始连续播出系列片《贾老师教作文》，轰动异常。由此，不断听作文课，上作文课，读作文教学理论，我的语文教学生涯从作文教学起步。

1996年，区教育局将我指定给贾老师做徒弟，还签了带教协议。贾老师经常上公开课，我去听，听完了就谈感想。他经常提醒我，学生是我们的衣食父母。这句话背后的学生观，对刚做教师的我而言，太重要了。我从来没有跟着贾老师翻来覆去打磨一节课，更没有在教学环节上纠缠，贾老师总是让我从整体上感受他的整个课堂。

贾老师在20世纪80年代初曾与叶圣陶先生通过信。后来因为开会，结识了叶先生的长子叶至善先生。为此，他写过一篇文章，我摘抄几段：

原来，叶老从不给孩子教授作文入门、写作方法之类的东西。他仅要求其子女每天要读些书。至于读点什么，悉听尊便。但是读了什么书，读懂点什么，都要告诉他。除此之外，叶老还要求其子女每天要写一点东西。至于写什么也不加任何限制，喜欢什么就写什么：花草虫鱼、路径山峦、放风筝、斗蟋蟀，天上飞的，地上爬的，水里游的，听人唱戏，看人相骂……均可收于笔下。

纳凉时，叶老端坐在庭院的藤椅上，让孩子把当天写的东西朗读给他听。叶老倾听着孩子朗读，从不轻易说"写得好"与

"写得不好"之类的话,比较多的是"我懂了"和"我不懂"。如果叶老说:"这是什么意思呀?我不懂。"其子女就得调遣词语或重新组织句子,尽力让父亲听得明白。直至叶老说,"噢,原来是这么一回事,我懂了"时再继续读下去。

叶圣陶先生用启发的方式让孩子们自己找到作文中的不足,修改完善。经常这样训练,孩子们也就学会自主习作了。现在回想起来,当年贾老师带教我时,也用了这种方法。受了这样的训练,我就不会去机械模仿贾老师的课堂教学手法,而是自行领悟教学方法背后的教育教学思想。掌握了思想,设计、实施教学环节就有效得多了。

除了上课,贾老师更多的是教我编辑校报,修改稿子,排版校对。这看似与语文教学无关,实际上却是提升语文教师基本素养的最好途径。我从教30多年,教书之余持续写文章写书,编校报编书,都是源于当初的历练。

贾老师是传我"吃饭家什"的人。因为他,我学会了上语文课,懂得了什么是为学生服务的语文课,使我在新方法、新口号满天飞的当下,不会迷失。

| **享受教学** |

《桂花雨》是一篇文质兼美的散文,收在五年级教材中。我费了些心思,写出教学设计,在一次教师培训活动中,上给同行们看。

学生在第一板块中的比较句子环节就卡住了——

桂花盛开的时候，不说香飘十里，至少前后十几家邻居，没有不浸在桂花香里的。

桂花盛开的时候，不说香飘十里，至少前后十几家邻居，全浸在桂花香里。

"两句话的意思是一样的，为什么作者要选上面这句呢？"

没人回答。

"'没有'是个否定词，'不'也是否定词……"

学生们一下子反应过来："这是双重否定句……"

"原来你们学过这个句式啊，那么双重否定句有什么作用呢？"

"加强语气。"

我追问："加强什么语气呢？"

一个孩子站起来说："加强了重的语气。"

不着急，慢慢来。该慢的时候还是要慢下来，仔细教。"应该说，用了双重否定句强调了桂花香气很浓郁，让邻居们都沉浸在花香里。"

教会了一个男孩子，再换一个女孩子，让她学着说。没想到，女孩子用自己的方式重新组织了语句。

接下来是师生合作读课文，我不告诉学生哪些句子是要他们读的，他们必须仔细听好我朗读过程中的暗示。孩子们与我合作得非常好。因为他们通过之前的学习，渐渐熟悉了我的言语方式，师生在靠近。因为靠近，学生们能自己找出印象深的句子，提炼出蕴含在句子中的作者的情感。学生们不再羞怯，走上讲台与我一起表演课文情境。

最后一个环节是辨析课题，对孩子们而言，挺难的。可是当我讲完要求，两个女孩子立刻举起了手。虽然她们表达得不太流畅，可有什么关系呢？我已经很满足了。我一直觉得"听到生命拔节的声音"是一句被说烂的套话，自己也从来不说。可是，当看到那两个女孩子举起小手时，我仿佛真的听到了生命拔节的声音。

一周之后，一位学员说，最喜欢师生表演课文情境的环节。因为她看到我是怎样将学生从不会教到会，让孩子们在哈哈大笑之中理解了"桂花雨"的含义。那个环节我随机请了四个学生上台表演摇桂花。台上在笑，台下也笑。我把话筒放到一个女生嘴边，她大声说："啊！真像下雨，好香的雨啊！"我把话筒递给另一个女生，她一时没反应过来。我又把话筒放在先前的女生嘴边，她再一次说道："啊！真像下雨，好香的雨啊！"话筒又回到没有反应过来的女生手中，她立刻大声说着："真像下雨，好香的雨啊！"

另一位学员说，那节课真是一场"好香的桂花雨"。我问，香在哪里？他回答，"香"在巧妙的教学设计，更"香"在依据学生的实际情况有效地实施教学设计。

备课写教学设计是教师工作中再稀松平常不过的内容。但备课写教学设计又是难度很高的工作。因为一份优秀的教学设计需要体现学科本质属性，需要整合教材特点与教学目标，需要落实教的过程和学的经历。备课写教学设计更是极具意义的工作。因为一份好的教学设计能让学生更好地达成学习目标，甚至喜欢上某个学科。一份优秀的教学设计看似只是稿纸上的一些文字，其实文字背后流淌着教师的思维之河。当教学设计变成教学行为时，这条思维之河能灌溉儿童的心田，让他们的学习之路绿意葱茏。写到这里，我忽然想到，实施教学设计其实是最难的。课堂中的互动生成是教学设计的生命。一份理想的，能促进师生共同成长的教学设计是在下课铃响时，由师生共同完成的。教师从这样的课堂里走出，心头必定洋溢着愉快的满足。

最近六年中，像《桂花雨》这样让我满足的课，还有一些。

我常年开放自己的课堂，校内外的同行只要提前一天打声招呼，第二天就能来听课。朋友问我，几乎天天有人听课，负担重吗？负担多少有一点儿。因为青年教师是抱着学习的心态来听课的，我不能让他们白坐一节课。不说教学环节需要设计得更好，就是精神状态也应该始终保持较好的水平。课后，我还将教学思路或者教学实录公布在自己的公众号上，让更多同行看到，讨论。为什么这样做？因为我想上出更多让自己满足的课，想看到更多的孩子在课堂上两眼放光，我还想在课堂上听到能让我成长的珍贵的分享。

结　语

在《教书记》的自序中我这样写：

文章要经营，何处连，何处断，材料的处理，观点的出现，都要费心思，那样才能让读者获得多元的体验。好文章如同一个健康的人，除了肢体健全，还要讲究血脉气韵通畅无碍。

这是我的文章观，我认为好文章是有生命的。它能让读者与作者完成跨越时空的思想碰撞。好课当然更是闪耀着生命的光芒。作为一名年过半百的小学教师,我时时回顾自己的成长过程,努力教学,期待课堂更具常识,散发出更璀璨的人性的霞光。

附 录

一、专业成长(部分)

(1) 2011 年,《讲台上下的启蒙》,由华东师范大学出版社出版。

(2) 2013 年,《迷人的阅读》,由华东师范大学出版社出版。

(3) 2015 年,《教书记》,由华东师范大学出版社出版。

(4) 2017 年,《阅读,让教育变好》(编著),由华东师范大学出版社出版。

(5) 2018 年,《让课堂说话》,由华东师范大学出版社出版。

(6) 2018 年,《积攒生命的光》(贾志敏口述,朱煜整理),由华东师范大学出版社出版。

(7) 2019 年,《让课堂说话3》,由华东师范大学出版社出版。

(8) 2021 年,《让课堂说话2》,由华东师范大学出版社出版。

(9) 2021 年,《把孩子教聪明》,由华东师范大学出版社出版。

二、媒体专访

不读书，就无法真正教好学生

（《阅读》2016年第8期，采访人：冷玉斌）

1. 朱老师最近正在读的书是什么书？能不能做个介绍？

我最近在读梅子涵老师的《女儿的故事》和梅思繁的《爸爸的故事》。梅子涵是梅思繁的爸爸。前天偶然在微信中看到书讯，新蕾出版社将这两本书放在一起出版，就赶紧买下了。《女儿的故事》原来读过。《爸爸的故事》估计是新近写的。这次将两本书放在一起读，很有意思。你知道，我给儿子写过几百篇成长录，所以对这类反映孩子成长过程的书一直挺有兴趣。现在还没有读完，初步的印象是《爸爸的故事》更打动我。我想，这和年龄有关吧。看一个成年的孩子回忆与父母相处的细节，抒发感受，让我情不自禁地想到自己，想到自己的父母和孩子，想到流逝的岁月。等读完，我会写一篇书评，表达自己的想法。

2. 朱老师，贾志敏老师在给您的题词里有一句"读书是立身之本"，我觉得这是一个很贴切的评价。对您从教以后的读书经历，您能做一个回顾吗？

这是一个很大的问题，要回答好，得写一篇长文才行。限于篇幅，我只能分阶段说。

第一阶段（入行一两年），刚走上讲台，教育教学上的事情很多都不会。巧了，有一天我在书店里无意中买到一本《苏霍姆林斯基教育理论体系》。念师范时读过一些苏霍姆林斯基的书，还做了不少摘抄。而《苏霍姆林斯基教育理论体系》正好帮助我梳理了原先的阅读体会，使我对苏霍姆林斯基的教育理念有了更清晰的了解,并促进了自己的教育理念的形成。

第二个阶段(入行3—10年),读了不少语文教学理论与教育理论方面的书。如《叶圣陶语文教育论集》《语感论》《言语教学论》《文章学与语文教育》《语言学与语文教育》《文艺学与语文教育》《传统语文教育教材论》《现代课程论》《教学策略》《教会学生思维》《教育新理念》等。在有了一定的教育教学实践经验后,再读这些理论书籍,让我更好地反思自己的课堂教学。而阅读课程理论则使我慢慢能够站在课程的角度思考一节课的设计与教学,教学的视野由此拓展了。

第三个阶段(入行11—20年),这个时期由于承担了校内课程开发、各学科教学管理的工作,所以阅读了不少其他学科专业书籍和教育教学管理书籍。至此,我的兴趣已不仅仅停留在语文教学上,而是对课程改革、学科建设、教师专业发展等方面都开始关注,就此养成了系统思考教育教学问题的习惯。另外,这时儿童文学阅读推广蓬勃发展起来。我小时候读过不少儿童文学作品,念师范时也学过儿童文学理论课程。因此,在这个阶段读了不少儿童文学理论书籍以及儿童文学作品,算是温故知新吧。

第四个阶段(入行21年至今),这段时期,我的专业阅读目光放在了教育教学理论研究著作上,可能是因为之前的阅读经历,所以累计到了这个阶段,就想看一些更深刻的东西。

以上回顾,谈的是专业阅读,实际上,在各个阶段,除了专业阅读,我依然根据自己的兴趣阅读了不少文史哲方面的书籍。这类兴趣阅读,对专业阅读有着非常好的促进作用。

3. 如果做一个相对的总括,迄今为止,朱老师认为对您的

教育教学影响最大的书有哪些？对您的影响又体现在哪里？（说三本）

第一本是苏霍姆林斯基的《给教师的建议》。苏霍姆林斯基不仅将整个心灵献给学生，也将整个心灵献给了同行。在这本书中，他生动亲切地讲述着自己的教育教学实践，分享着自己的经验，让读者感受到他的教育智慧。教育智慧是一线教师最需要的。第二本是《叶圣陶语文教育论集》。有朋友问我，当下小学语文教学的问题是什么？我说，创新有余，继承不足。要继承前人经验，首选当然是叶圣陶先生。这本书，中小学语文教师应该每年都读一遍。它让我们知道，应该如何认识语文课程，如何上语文课。第三本是陈鹤琴先生的《家庭教育》。我是在有了儿子之后读这本书的。读完之后立刻推荐给我班的家长，也在不同的场合推荐给同行。这本书用家常语言告诉我们如何理解儿童，如何对儿童有话好好说。有话好好说，是很多成年人不会的事情。

4. 就我的阅读所及，教师群体中对周作人先生的阅读有如朱老师者，不说没有，肯定极少，那您觉得，阅读知堂先生文章，对您到底产生了什么样的影响与推动？仅仅是个人趣味吗？您觉得知堂先生的文章对当下的教师有怎么样的意义？如果有老师现在也想读周作人，您能给些建议吗？比如合宜的阅读路径，从哪些书入手，有哪些重要的解读文章或书籍不能错过？

知道周作人，是因为我父亲的介绍。我念初中时，有一次父亲提到了周氏三兄弟。父亲有不少鲁迅的书，却没有周作人的。我问他原因，他说周作人当过汉奸，他的书不容易买到。好在等我想读周作人时，他的书已经能容易地买到了。

周作人读书多，学问大，识见卓绝。他是作家，是思想家，是人道主义者，也是自由主义者。他和鲁迅是现代文坛两座高峰。读他的文章，我印象最深的是"人情物理"四个字。周作人说，人情物理就是健全的道德，正确的智识。这话简单至极，可是内涵却深刻得很。所以在拙著《教书记》的腰封上，我写了一句话：我希望自己的文章和课堂中有人情物理。另一个印象深的是他的文章之美。我的文章观，完全受了周作人的影响。《教书记》便是我读周学周的作业汇报。

小学教师如果想读周作人，可以先选以下书籍：钱理群先生编过一套《周作人散文精编》，非常好。如果再配上钱先生的《读周作人》一起读，就更好了。周作人的有些文章并不好读，一边读，一边看钱先生的导读，能降低阅读难度。周作人的《知堂回想录》是他的回忆录，文字平实，记叙详尽，可以当资料看，可以当散文读。读完了，对周作人的思想便会大致了解。作为小学教师最好再读一读《儿童杂事诗图笺释》，不管是周作人的诗还是丰子恺的画、钟叔河的笺释，都堪称一绝，不要错过。

5. 您是商友敬先生的得意门生，商老师对您的读书生活影响极大，那商老师"教"了您什么，您又"学"到了什么，能具体说说吗？

第一，"得意门生"不敢当。第二，商老师不仅对我读书生活有巨大影响，对我整个人生也有很大的影响。每次到商老师家里看望他，主要就是谈谈最近买了什么书，读了什么书，然后天南海北地闲聊。看上去一点儿没有"教"，但实际上我学到了很多。我曾在一篇文章中说，商老师的书房就是我的课堂。概括地说，在商老师身上，我看到了一颗赤子之心，这是教师最需要的。商老师一生坎坷，但他始终保有一颗赤子之心，热诚地对待学生、对待教育，一辈子研究学问。商老师是将读书写作真正当作生活方式的，临终前一个月依然在读书。商老师身上既有传统知识分子的风骨，又有现代学人的视野胸襟。这是我一辈子都要学习的。

6. 朱老师在学校里，会经常和老师们聊读书吗？如果聊，会聊些什么话题？您觉得对于教师阅读的引导，需要有哪些特别注意的地方？或者，您是不是有一些独特并且有效的策略？

我从 2004 年起在学校里做教师阅读推广活动。每个学期根据学校工作的需要，教育教学的焦点热点，选两本书，学校购买，送给老师们。我会针对书籍内容做一个详细的读书方案，方案中通常会明确每个月要阅读的章节和利用教研组活动时间交流读书心得的主题。只要有可能，我还将作者邀到学校，为教师做导读。读完之后，会根据书籍内容请老师们完成一份"作业"。比如，读完《美国学生课外作业集锦》一书后，我设计了一个模板，请老师们根据自己所教学科的特点设计一份学生作业，真正做到学以致用。

组织面上的教师阅读活动，首先是突出实用，要利用各种方式让教师们体会到书籍对自己有用。其次是关注情感，想办法拉近教师与书籍的距离。比如邀请作者导读就是很好的办法。再次是强调整合，将阅读书籍与教师的日常工作巧妙地整合起来。不要让教师觉得读书是一项额外的任务，是负担。最后是营造氛围，引导学生读书需要营造氛围，引导教师读书当然也需要氛围。从硬件氛围到软件氛围都很重要。比如在学校里找几位爱读书的教师，经常交流，在适当的场合请这些爱读书的老师分享读书体会，这就是软件氛围。

7. 现在，很多地区、学校都有读书活动，用读书来推动教师专业发展，您也经常参与，得到了很多老师的肯定和喜欢，那么，在这些活动中，您有什么印象特别深的吗？他们是怎么来做的呢？

现在各地的教师读书活动很多，有学校组织的，有教师自发组织的，也有像厦门海沧区、哈尔滨香坊区那样以当地教师进修学校牵头组织的，都做得非常成功。

学校组织的或者民间沙龙式的读书会，大家共读一本书，定期活动，分享心得，能将书读深读透。官方组织的读书活动往往采用读书心得交流评比、专家讲座、教学展示、经验介绍等形式，能在一定的区域内营造出良好的读书氛围，让不爱读书的老师逐渐爱上读书，从而带动区域教学教研。一个没有阅读习惯的人要养成阅读习惯，是需要一些外力作用的。

8. 说说儿童阅读吧，现在儿童阅读推广活动是遍地开花，在您看来，什么是好的儿童阅读推广？儿童阅读推广最重要的是做什么呢？

好的儿童阅读推广首先要关注儿童性。推广人要真正懂得儿童，知道儿童阅读规律，知道儿童需求的多样性，知道儿童生理心理的差异性。其次，好的儿童阅读推广应该将有为与无为巧妙地结合起来。所谓有为，是指设计一些有趣的阅读活动，使学生通过活动实践，深化阅读成果。所谓无为，是指为学生提供时间与空间，让其自主阅读，教师完全退出。再次，好的儿童阅读推广应该将课内与课外的功能真正梳理清楚。课内的语文课，课内的阅读指导课，课外的学生自主阅读应该是正相关的。课内部分，教师的指导性必须彰显；课外部分，学生的主动性、能动性必须充分激发培育。教师应该知道哪些内容是课内的，哪些内容是课外的，并在实际操作中很好地区分。如此才能将不同场域的作用真正发挥出来。

好的儿童阅读推广的目的，就是培养良好的阅读习惯和阅读策略。以上谈及的三个方面，是当前儿童阅读推广中做得不够的。

9. 其实刚刚朱老师已经讲到很多书，但从我们这个栏目，还是不能免俗，最后请朱老师给我们的读者推荐两本书，一本专业书，一本童书。再给我们的读者一段话，就当是寄语吧！

说到专业书，推荐苏霍姆林斯基的《给教师的建议》吧。即便你已经读过此书，我建议还是每年拿出来重读。经典的魅力就在于常读常新。

说到童书，推荐怀特的《夏洛的网》。我的第一篇童书书评，写的就是《夏洛的网》。另外，你如果愿意再读一读怀特的散文的话，相信你会有惊喜哦。

读者诸君，读书是一件很普通的事情，就像吃饭睡觉一样。正因为像吃饭睡觉，所以读书是生活中必不可少的。尤其对于教师而言，读书更为重要。因为不阅读，我们就无法真正教好学生。正因为像吃饭睡觉，所以读什么，用什么方式读，尽可以自由选择。只要有营养，有收益就好。

三、影响专业成长的10本书

（1）叶圣陶:《叶圣陶语文教育论集》，教育科学出版社，1980年版。

（2）苏霍姆林斯基:《给教师的建议（修订版）》，教育科学出版社，

1984年版。

（3）王天一：《苏霍姆林斯基教育理论体系》，人民教育出版社，1992年版。

（4）吴立岗：《小学作文教学论》，广西教育出版社，1993年版。

（5）商友敬：《语文教育退思录》，四川人民出版社，2003年版。

（6）钟叔河：《周作人丰子恺儿童杂事诗图笺释》，中华书局，1999年版。

（7）朱自清：《朱自清全集（1—3卷）》，江苏教育出版社，1988年版。

（8）刘绪源：《文心雕虎》，少年儿童出版社，2004年版。

（9）董桥：《这一代的事》，生活·读书·新知三联书店，1992年版。

（10）钱理群：《周作人论》，上海人民出版社，1991年版。

四、问答

问1：如何解读课文？

答：解读课文是一种技能，学习技能第一步就是模仿。所以，先要多看别人是如何解读的，琢磨其中的方法。然后，就是多多练习。

问2：设计不出好的教学环节，怎么办？

答：要设计出好的教学环节，需要将以下两点融合起来：第一，要对课文与教学目标做细致的解读，这样才能找到合适的教学点；第二，要熟悉所教学生的年龄特征，以及不同年段常用的语文学习方法。所以，在听示范课时，也应该从上述两点出发去观察，思考执教者是如何做到将这两点融通的。

问 3：认真备了课，可是课堂里学生坐不住，教学效果差，怎么办？

答： 学生坐不住大体是因为教师的教学无法吸引他们。认真备了课，不等于备出了符合学生需要的课。多从学情出发，才能设计出让学生感兴趣的课。一旦有了兴趣，学生自然就坐得住了。

问 4：如何让自己的教学语言更准确？

答： 教学语言是一种职业语言，需要勤学苦练。

第一，多听好的教学语言。

第二，将日常教学当作操作教学语言的练习场。

第三，经常通过课堂教学录音回听、反思自己的教学语言。

问 5：如何提高课堂提问的有效性？

答： 每节课根据教学目标设计几个核心问题，核心问题之间要有逻辑性。核心问题应该是学生自主完成学习，得到学习成果的支架。

问 6：我所教学科与所学专业不一致，是否需要考研进修？

答： 小学教学是一种技能型工作，读研对教学技能的提升作用不大。还是要多听好课，多参与教研，多实践多改进。一旦这么做了，所学专业与所教学科不一致，或许会给你带来意外的教学惊喜。

问 7：家常课与公开课区别很大，如何认识这两者？

答： 上公开课是为了将平时的教学经验展示给同行，大家一起切磋琢磨，分享借鉴。公开课不应该与家常课有很大区别。在工作中，我一直将家常课当作公开课来上，将公开课当作家常课上。

问 8：如何引导学生发现生活中可以写的素材？

答： 可以每周让学生写一篇小练笔。对于能记录描写生活小事的同学要不遗余力地表扬指导，使其成为同学们的榜样。让学生教学生，让学生互相影响，有时要比单纯的教师教更有效。

问 9：怎样才能让每个学生在课上都有收获？

答： 在设计教学环节要有难有易。实施教学时应该让每个层面的孩子都有参与的机会。这样才能让每个孩子在原有基础上获得提高。

问 10：如何找到事务性工作与专业发展的平衡点？

答： 做事务性工作要讲究方法，提高效率。做专业工作要注重平时的积累，时时思考。

黄敏卷

寄语年轻教育同仁：

教育生活具有生命特质，播种什么将会收获什么。生物学教学中，情可移情，思可启思，行可育行，创造可以启动创造，立足于再创造，师生才能共识共享、互动互进。

黄敏

江苏省中学生物特级教师，正高级教师，江苏省泰州中学教师发展处主任。系江苏省"333人才工程"第二批中青年科学技术带头人，江苏省教育学会生物专业委员会理事，江苏省优秀教育工作者，江苏省教科研先进个人，泰州市政府督导委员会教育督导专家，泰州市有突出贡献的中青年专家，泰州市高中生物名师工作室领衔人。曾获江苏省第四届教学成果奖两项，获泰州市首届"春蚕奖"。在专业杂志上发表论文40余篇，主持省级课题3项。

三尺讲台是我们的练功台

1990年6月，我从南京师范大学生物系毕业，作为优秀毕业生分配到江苏省泰州中学，非常自豪。因为省泰中是泰州人心目中的"最高学府"，小泰山脚下的百年名校，发源于北宋胡瑗先生讲学的安定书院，肇始于清光绪二十八年（1902年）的泰州学堂，先贤胡瑗先生是我国继孔子之后最杰出的教育家之一，曾被明世宗尊为"先儒胡子"，他的教育思想和学术贡献对后世产生了深远的影响。

报到那天，我走进古朴的校园，首先映入眼帘的是那棵胡瑗先生亲手种植的千年银杏，郁郁葱葱，苍劲雄伟，果实累累。到蝴蝶厅（安定书院旧址）办理手续，那是一座古色古香、前后两进中间带院子、蝴蝶形状的房子，院内有胡瑗先生的石刻雕像，大厅内有胡瑗简介，同时刻有胡瑗先生的名言："致天下之治者在人才，成天下之才者在教化，职教化者在师儒，宏教化而致之民者在郡邑之任，而教化之所本者在学校。"可以想见这片土地上，曾名师荟萃，桃李芬芳，为国家培养了许多栋梁之才。我一下子就喜欢上了这个学校，暗暗下定决心，一定要认认真真工作，做合格的泰中人。

在新教师岗前培训会上，语文教育家洪宗礼副校长，见到我们八位朝气蓬勃的新老师，非常高兴，那天他语重心长地对我们谈了很多对教育工作的感悟，我至今记忆犹新："大学毕业了，未必能拿到讲台检验合格证。三尺讲台是教师提高能力最好的练功台，要理解讲台练功的价值，不在讲台上修炼，难以成为一名优秀教师。三尺讲台就是试金石，三尺讲台就是大熔炉。""教师是职业，也是事业。一生干好一件事，把职业当作事业干。"就这样，我走上了三尺讲台。

| 虚心真学 |

刚走上教学岗位，看着学生们一双双求知若渴的眼睛，我是非常忐忑的，生怕教得不好耽误了他们。虽然对工作充满热情，也很努力，但是由于对中学教学内容不熟，对学情也不够了解，教法很生硬，每节课我都上得战战兢兢。

"青蓝工程"新老结对活动中，学校安排我跟在师父——德高望重的徐养清老师后面学习，自己先备课，然后听师父的课，再去上课，每天写教后记。徐老师定期去听评我的课。一段时间后，我终于对教学有了点儿认识。在徐老师的帮助下，我开设的"过关课"得到了领导和同事们的肯定。

徐老师的课上得炉火纯青，联系生活，深入浅出，生动有趣，学生们特别喜爱他的课，又有点儿害怕，因为常常会被他"一问"而"三不知"。他的教学组织能力特别强，这是让我最为羡慕的。他上课常常先对上节课内容进行复习提问，"连珠炮"式的追问,让没有真正掌握知识的学生生出些许畏惧,所以课前学生们都纷纷拿出生物书拼命读,准备应对徐老师的检查。

对徐老师的课佩服之余,我常常想怎样才能学到他特别"厉害"的招数——追问法呢?后来我开始模仿,比如,"基因突变"的复习,我设计了连环问:"基因突变变什么?怎么变?变的结果怎么样?何时变?为什么会变?基因突变有哪些特点?如何加以应用?"果然让学生们也紧张得抓紧复习应对。经常这样复习提问,学生学习新课也不敢马虎,因为哪里没有掌握到位,一串问就可能又"三不知"了。其实追问就是精心提取出教学主线,纲举目张,让学生"提起一条线,联想一大片",帮助学生建构知识结构,结构化的知识更便于理解和提取。

后来,我发现新授课用"问题链导学"模式促进学生思考和参与到学习中效果也非常好。于是,我进行了这样的尝试,具体说来,有这样的四个环节。

(1)问题的发现。通过设立几道自主学习题,在课前预习的基础上让学生展示预习成果,进而发现学习中的问题。或通过创设情境、阅读材料研习等来发现问题。

(2)问题的解决。①小组合作探究(根据课堂学习中的问题,组织小组或同桌合作学习,初步探求学习中问题的解决策略,并引导学生进行研究、交流、展示、评价等)。②师生合作研讨(教师依据学生对问题的认识和解决措施,引导学生积极参与课堂研讨,教师适时点拨,让学生在问题的研讨中掌握基本的知识、技能,感受到一定的学习方法,情感价值也得到真正、真实的体现)。③变式训练(通过变换问题的角度举一反三,引导学生对知识灵活应用,提高迁移能力)。

（3）问题的感悟。总结提升（老师启发、引领，学生质疑、实践，在生生、师生互动基础上归纳、整理出本节课所学内容的要点、学习方法、解题技巧等。在归纳总结中演绎，提升学习认识，从问题走向超越）。

（4）当堂检测（设计一定量的课堂检测题，当堂检测学习效果）。

一个阶段尝试实践下来，确实取得了非常明显的教学效果，我的课堂也渐渐受到了学生的喜爱，这让我充满了极大的信心。

再后来，我从"青蓝工程"的徒弟变成师父，继承省泰中老教师忠诚谨业、无私奉献、求实进取、团结协作的光荣传统，关心、支持新教师成长。我发现有些研究生学历的新老师"肚子里有货倒不出来"，他们经过多年的系统学习，对生物学概念、原理等知识有较为深广的认识，但具体教学中，因为不能把学科知识转化为高中生易于理解的、容易接受的学科教学知识，感到费了很大劲儿还讲不清楚，或对学生的学习起点和认知规律把握不准，常常让教与学擦肩而过。新教师该着重向老教师学习什么？在我看来，老教师的教学之所以能深入浅出，是因为他们的PCK（学科教学知识）丰富，通晓学科的重要概念和教学要求，能够从整体上把握知识结构并能够横向联系与纵向贯通；在面对特定的教学内容时，了解学生对此可能存在的学习困难与理解的误区，知道如何针对学生的不同兴趣与能力，将学科知识进行再加工再组织后呈现，拥有多种灵活的知识表征方式和教法，把学科内容具体化、场景化，使学生充分地理解知识发生的过程。"青蓝工程"新老结对的目的，实质上是想将新老教师各自内隐的缄默性的PCK呈现出来，相互交流、沟通学习，从而达到以老带新、以新促老的目的。

师父领进门，修行在个人。老教师的学问和经验，自然值得尊重和学习，但是同时要发挥批判性思维，刨根问底：老教师为什么传授这样的经验？随着时代的发展和进步，前人的学问和经验有没有需要改进和变革的地方？新教师从"不会—模仿—规范—改进—创新"，不迷信权威，独立探究和自主思考，批判性反思内化，才是"真学"。终身学习是教师职业的要求，可以向老教师学习，也可以向书本学习，向实践学习，线上资源越来越丰富，真心想学，时时处处都可以。

教师专业成长包括适应期、发展期、成熟期、高原期。1990—2000年在老校区，我经历了专业成长适应期、发展期，任教之初的追求，激情洋溢，在徐老师的悉心指导下，自己又独立摸索了一年，因为教学效果比较好，通过了学校的考核，第三年有机会任教两个毕业班，两个班的生物高考成绩超过省均分10多分（总分70分）。后来生物学科一度停止高考，我没有看轻自己的学科，因为我坚信：21世纪是生物学世纪，无论生物学科是否是高考科目，学生还是需要生物学知识的，教好生物学我责无旁贷，"小学科"要有大作为。认真上课的同时，我开始搞学科兴趣小组，辅导学生参加生物学奥赛。

2000年学校办学规模扩大，搬到迎春东路东校区；2016年又整体南迁，发展进一步驶上了快车道；如今已经初步建成文化底蕴深厚、现代气息浓郁、教育质量上乘、浸润书院气质的高品质示范高中。我的专业成长也随之经历了成熟期、高原期。这期间有进步，也有困难和迷惘。学生的知识来源渠道越来越广，我凭什么吸引今天的学生？拿什么奉献给他们？如何追求有良知的高效？如何从"消费型"教师转变为"创新型"教师？只有勇于面对困难，迎难而上接受挑战，通过不断学习实践，在总结经验中提升自己；坚持教学相长，在师生交流中发展自己；尊重同行教师，在借鉴他人中完善自己；加强理性思维，在把握规律中丰富自己。

真爱育人

茨威格曾经说过："一个人生命中最大的幸运，莫过于在年富力强的时候，发现了自己的使命。"我常常在想，我的使命是什么？什么是好的生物学教育？难道就是把书上的知识装到学生的脑袋里，让学生能考个好分数？

好教育应该是"为未来而教"。三尺讲台下的每一个学生不仅属于现在，更属于未来，教育应该教给学生适应未来社会需要的价值观念、必备品质和关键能力。现在已经进入人工智能时代，只需要死知识的工作，机器人干活效率比真人高。世界经济论坛在2015年就提出"21世纪未来人才必备的关键能力"：创新思维能力、批判性思维能力、解决问题能力、协作能力。因此，不能用昨天的知识教今天的学生，不能让学生一味"死记硬背"知识点，更重要的是从"学会"到"会学"，再到"会创造"。传统的"授受"式的教学方式，仅仅注重学生对已有知识的认识，缺乏相应知识的发生发展过程的学习，学生表面上似乎掌握了生物学知识，但是知识背后的科学方法、科学态度和科学精神等教育资源没有得到挖掘和利用，因思维参与度低，难免使学生被动、有惰性，缺少智慧。

面对这个越来越强调主动学习意识和创新能力培养的时代，要激活学生的创造潜能，教学就不仅要通过各种方法进行有效的、有意义的"知识授受"，而且也应包括从学生熟悉的生物学常识开始，沿着人类发现生物学知识的活动轨迹，逐步让学生通过自己的发现去获取知识。教育家第斯多惠曾指出，教学不应该"奉送真理"，而应该"教人发现真理"。有效的生物学教学不是让学生被动地接受知识，而是"再创造"，这种创造并不是要求学生去模仿或重复生物学家们发现并创造生物学的过程，而是要求学生将那些已经被发现或创造的生物学作为实践性活动的任务，让他们自己去"再发现"和"再创造"。通过这种"再创造"，激发学生学习的内部动机，使学生在感受、掌握知识的发生发展过程中，在收集、处理和应用信息的过程中，在分析、研究和解决各种问题的过程中"学会学习"，成为"策略的学习者"，不仅会比别人强加的要掌握得更好，更具有活性、实用性，而且这种带有探究、体验、人文精神渗透特点的学习过程是非常愉快的，是智慧有效的，有利于培养学生的生物学科素养。

好教育应该"目中有人"，因材施教。我的教育信条是："尊重每一位学生，激活每一位学生，成就每一位学生。"我相信每个学生都有成功的愿望，相信每个学生都有成功的潜能，为学生创造适合的教育。

在课堂之外，为了多提供学生自主实践的机会，我开发了多门校本选修课程，均受到学生们的喜爱，选课时几乎秒杀。"生活中的植物学"课程，我和学生一起玩，与学生一起融入身边的环境，一起去感知和体会生物世界的自然美及艺术美，拓宽、加深有关生物学知识，锻炼动手能力，学习有用的植物学，帮助学生今后在生物学方面的发展奠定基础。我指导学生在班级生物角种植花草，调查校园植物种类，通过先进的数码显微镜观察和记录植物的显微结构；我带领学生到公园、野外实习，欣赏春花和秋叶之美，记住植物的名字，为它们制作别致的名牌，制作叶脉书签，利用色彩斑斓的秋叶制作装饰画。学生在玩中学，不仅"知器"，关注植物学知识的学习与传播；而且"明道"，学习植物的品德"飘到哪里就扎根在哪里，入乡随俗，任劳任怨，是开疆辟土的先驱，表面上逆来顺受，实质全身心主动应对周遭的环境，为动物和人类无偿提供食物和能量"。有学生发表了这样的感言："当我看到幼苗挣扎着钻出土壤，我懂得了生命的价值在于拼搏和奋斗。生活的意义，在于生下来，活下去。"

随着毕业时间越久，我的知识老化也越来越严重。在教"生物竞赛辅导"课程时，我和学生一起学，逼着自己学，同时钻研大学教材和学科前沿知识，辅导学生参加生物学奥赛，所辅导的十多位学生先后获国家级、省级一等奖。在教"创新生物学实验"课程时，我和学生一起做实验，精心设计情境，提供多种器材，探索实验改进。我引导学生手脑并用，不仅要求学生学会相关实验操作技术，还让学生动脑思考为什么要这样做，使积极的思维渗透到技能训练中去。让学生不仅参与基础的生物学观察和验证性实验，还自己动手进行开放式探究，接触新课程中新增的与现代科学技术有关的设备，使学生在亲自设计、操作、探索等过程中有所体验和发现，培养创新精神和实践能力。

好的教育总是充满爱心和真情。新冠疫情期间，为了防止疫情扩散影响高三学生，学校突然宣布需要立即住校封闭管理，很多学生生活用品没有带齐,而且不适应集体生活。我不是班主任,应该可以在家上网课,但是我连夜通过路卡,逆行回学校陪伴学生,耐心做好学生的后勤管理和思想工作,学生很快平复了情绪,安心地投入到了紧张的学习之中。你爱学生,处处为他们着想,他们看得出来,他们也会爱你,每天在路上遇到学生,一声声"黄老师好"的问候,让我疫情下工作的恐慌和不便、苦和累,烟消云散。

我常常收到"爱的贺卡",看着同学们发自内心的祝福,很感动!自己的真心真情得到学生们的肯定,特别幸福!三尺讲台,青丝变白发,可爱的同学们用最美好的青春年华陪伴着我,我的心态也保持年轻,很享受充满活力和爱的校园生活。教育生活具有生命特质,播种什么将会收获什么,情可移情,思可启思,行可育行,创造可以启动创造。

真爱育人,我与学生共成长。从教以来,我坚持不懈地不断学习、钻研,多次进行初高中循环教学,在新课程改革中自觉地努力把新课程理念转化为有效的教学行为,初步形成"让生物学成为再创造的过程"的教学思想,并在课堂拼搏中形成自己的教学风格——注重师生互动、交往,积极引导学生进行"激趣、启思、致用"的探究性学习,引领学生学会学习,提高生物学素养。

| 苦练真功 |

三尺讲台与戏台一样,台上一分钟,台下十年功。大量事实已经证明,95%以上的技能,只要你愿意多花时间,勤加练习，都是可以学会、掌握甚至"高人一等、胜人一筹"的。急于求成，缺乏耐心，难以坚持者，往往平凡甚至平庸。因此，我们需要苦练教育教学基本功。

生物学教师教学的基本功不仅仅是"三字一话"（毛笔字、钢笔字、粉笔字，普通话），还有理解课程标准、把握教材、把握学情的基本功，备课的基本功，组织教学的基本功，运用语言的基本功，设计板书板图、运用现代教育手段的基本功，实验教学基本功，教学评价基本功，组织指导课外活动基本功等。现代教师还必须通过学习掌握新的育人手段，熟练掌握能够促使学生学会做人、学会求知、学会合作、学会实践、学会创新的新方法，为学生终身发展奠基。

备课的功夫要花在运用"心力"上。要把握准课标学业质量水平要求；要用教材教而不是教教材；要摸清学情，以学定教；注意整体设计"教、学、评"一致等。教学设计要目的明确、要求恰当、重点突出、难点分散、程序合理、环节清晰、富有新意。

课堂教学是门艺术。所谓"讲"不是各种形式的"灌"，"讲"是"引"发思维，是"点"石成金。教师要"懒"一点，所谓"懒"，就是少告诉一点，少讲一点，少灌输一点（并非提倡马而虎之的放羊式教学），这样学生便会"勤"一点，有学而有得。

开课和磨课特别有利于提高教师的教学基本功。我参加了在江苏省天一中学举办的第十三届全国"聚焦课堂·生长课堂"研讨活动，并承担了研讨课开课任务。活动中，我和另外两位老师同课异构教学《生态系统的信息传递》这一课。上课前，我重点思考了这样几个问题：如何让学生"学得有趣""学有所获"？如何真正做到"教得有效""考得满意"的并重？我以"什么是信息、什么是信息传递、什么是生态系统的信息传递"的问题串形式开始，几个问题层层推进，让本节课所教内容"开门见山"；在处理"什么是信息传递"时，我将知识内容分为三个层次：细胞内的信息传递—细胞间的信息传递—生态系统的信息传递，从微观到宏观归纳便于学生整体把握知识结构，这种处理方式也引导学生学会资料分析的方法——解读关键词。课上，我使用多个生动有趣的视频呈现例证，视觉冲击性强，视频中或专业或有趣的讲解诙谐幽默，其中还穿插了外国科学家对自己所做实验的介绍，使得整个例证变得真实鲜活，让学生明白所学的知识不是一纸空谈。另外，我利用模型建构的方法，将信息种类和信息传递的作用巧妙地连接起来。举例时，我要求学生将例证中的信源、信道、信宿三要素填写完整，在建构模型的过程中，学生明白了信道决定信息的种类，信息传递发生的范围，信息的作用也一目了然，所有的内容均以板书的形式呈现在黑板上，我作为教学活动的组织者，任务则演变成带领学生归纳总结，教学难点在无形之中轻松突破。让学生印象深刻的是，整节课结束后黑板上呈现的是一张非常详尽的知识框架图。重点知识、核心概念等一目了然。"以课会友"，其他两节精心准备的研讨课也都有许多闪光点，我从中也学到了很多。

除了开课，还要主动听课，并积极评课。在听评课的过程中，我逐步形成了"四多"的认识：多比较（在教法选择上的异同、优劣），多深思（为什么要这样处理），多判断（教学目标是否达成，有无偏差），多记录（课堂上的亮点、教师的教学机智、学生问题的提出等)。

不少青年教师工作多年,虽然很羡慕其他老师开课有气场,但却一直没有勇气甚至畏惧开设公开课,害怕上不好丢脸。其实气场来源于平时充分的准备与演练,正式开课时的从容,绝不是来源于临阵磨枪,而是多年来的勤学苦练。人,天生具有惰性。没有人听课,对课堂的准备、对教学细节的处理可能相对马虎。每次承担公开课,或许都是一次阵痛,但同时也会带来教学水平的突飞猛进。开公开课,宏观设计见思想,微观设计见功力,细磨成就完美,付出就有回报。

2007—2014年,我任学校教研处主任,负责中国教育学会江苏省泰州中学教师发展学校项目。7年多时间,我立足于教师教育观念更新、专业才能提高、教育智慧培育、专业精神养成、专业人格塑造等目标,组织开展了丰富多彩的系列活动,其中每年一次的以"课例"为载体的主题研修活动,特别受到老师们的欢迎。

活动前,各教研组提前20天就定下开课课题,每位老师都要精心准备,在组内说课(说课标、说教材、说思路、说环节、说教法、说学法等),然后大家推选出开课老师,其他老师帮助改进和优化教学方案,接着试讲,组内其他老师帮助反复听课、磨课、修改,最终将教学设计方案定下来,提前10天发送给专家,此环节体现了上课教师的自主探索和教研组内合作研究的初步成果。活动中,开课教师认真上公开课,真正的课堂教学过程与发送给专家的教学设计方案常常有不小的改变,有很多生成的内容。教师同行和专家领导听课,对课堂教学活动进行观摩、观察、调研。接着评课,评课时先请开课教师自述:一是对教学设计的背景、思路与意图进行说明；二是对授课过程及效果反思，重点说明设定的教学目标有没有实现，描述自己的授课感受与体验，对成功的地方进行总结，对失败的地方进行分析。然后请听课老师进行评课，最后专家点评。活动后，开课教师根据自己的认识，吸取多方意见进行教学反思，设计出针对性的改进方案。开课一周内教研处负责将教学反思、改进后的教学设计与课件，放到校园网上供大家进一步交流，还会给开课老师颁发证书。

实践表明，专家引领的课例研修产生了明显的效果。

其一，培养锻炼了一批教学骨干。尤其是开课教师，经由专家指导、点拨，教学水平有质的飞跃，不少教师的教学设计或反思在期刊发表，很多教师感慨参加这样的活动认真磨一节课比一年的教学锻炼进步都快。

其二，帮助教师学会用理论指导实践。专家们具有系统的教育理论和较高的专业素养，以本校教师的课例为载体和教师们探讨，对一些平时司空见惯的教法进行点评，既把优点说够，给予教师鼓舞，也把问题说透，给教师启迪，架设了教学理论和实践的桥梁，帮助老师们走出纯粹的教学经验，引导将实践上升到理论，学会用理论指导实践。

其三，助推了伙伴共生教研文化的形成。专家们常常能独具慧眼，剪裁出形象具体和典型的教学片段，并能抛出相应的研讨话题，让参加活动的教师能畅所欲言，虽然有时观点褒贬不一、针锋相对，让老师们不由自主地卷入其中，提高了研究课堂教学的积极性和主动性。智慧的火花在交流碰撞，引发共振共鸣、创造创新，不知不觉地形成了一个学习共同体———种伙伴共生、互利多赢的教学共同体，教师们的教育教学基本功得到共同提高。

做真研究

2017年和2021年我受聘为泰州市第三届和第四届高中生物名师工作室领衔人，以"读书，是我们的生活；课堂，是我们的阵地；科研，是我们的特色；辐射，是我们的追求"为工作理念，和一批有教学热情、有共同追求和研究志趣的年轻人相约做有意义的事情，我们以课题为抓手，定期开展活动，一起成长。为了努力成为学习、教学、教研、辐射的排头兵，我倡导大家养成以下习惯。

（1）"带题授课"的习惯。

教而不研则浅，研而不教则枯，研而不改则空。教学即科研，我们哪怕想把一节课上好都需要认真地研究研究，可以说教师的研究是世界上起点最低的研究，不需要其他条件和设备，只需要一颗安静的心。教学研究是教学创新的深层次动力，学会发现问题，并把教育教学中的问题变成研究，坚持"带题工作"，进行深度的追问、思考与解答。努力从专务到专业到专家，赢得工作的尊严。每节课下来，学生或多或少会存在某些疑问，有时课堂上无法及时解决，记录下学生反馈的疑点，细加琢磨，有利于今后教学的改进。自己教学中也会遇到问题，并非一下子就可以理解得十分透彻，有时甚至是似是而非，也需要记录下来进行深入研究。结合日常教学工作，课内细于留心，课外善于积累，慢慢就会形成思考问题的习惯。总之，问题即课题，分析即科研，结论即成果。我曾对生物学课堂教学改革、实验教学、课程开发、教师专业成长等主题进行了系列研究，发表了相关文章，形成了一批成果。

（2）反思的习惯。

叶澜教授曾指出："一个教师写一辈子教案不可能成为名师，如果一个教师写三年教学反思，就有可能成为名师。"美国学者波斯纳也曾强调：成长＝经验＋反思。可见，反思对教师成长的促进作用不可轻视。反思有教材、教法、学法、课例、试题等多个视角，其中教法反思是较为重要的反思形式。可以每隔一段时间对自己教学中的成败得失做一次回眸思考，这些反思结果是论文写作的素材，也是未来教学改进的依照。

（3）阅读的习惯。

古人说"腹有诗书气自华"。读书能帮助教师充盈专业内存，使工作事半功倍。读有高度（教育教学理论）、宽度（广博人文书籍）、厚度（精深专业书）的书。"硬着头皮"读，"由着兴趣"读，"反复咀嚼"读，边读边摘抄，读思结合、读写结合都是较好的方法。没有阅读就难以有质量的思考，没有质量的思考就没有真正的发言权。只有阅读达到一定的积累，才能有思想的火花。

（4）动笔的习惯。

论文评比，可以说是我成长的阶梯。迄今为止，我共参加了51次论文评比活动，其中获得国家级一等奖1次，省一等奖16次，省二等奖10次，省三等奖及以下24次。对于论文评比，只要教科室有通知，我都会积极参加。江苏省教育学会的论文评比活动参加次数最多，获省一等奖次数也最多（8次），得感谢省教育学会，虽然每篇文章总要收评审费50元，但门槛相对较低、获奖面宽，那些奖常常给蹒跚学步阶段的我带来惊喜和巨大的鼓励。应该说，没有这些锻炼和得到的激励，我不可能走上教科研之路。得感谢由江苏省教育厅基础教育处和江苏教育报刊社共同主办的"五四杯"论文评比活动，这是为40岁以下的青年教师举办的比赛，自1989年起，每两年一届，每届都有上万名教师报名参加，得奖不容易，我参加过3次，2001年（第七届）获省三等奖，2006年（第九届）、2008年（第十届）连续两次荣获省一等奖。2008年我参加了在无锡洛社高中举办的省"五四杯"论文大赛颁奖大会暨20周年庆典仪式。参加这次颁奖大会，心情真的很激动。因为大会邀请了一批省内教育名家，他们中许多人都是"五四杯"两次以上的获奖者，他们的贺词和讲座对我产生了很大的促动作用，我和与会的许多青年教师一样很兴奋，有找到自己的队伍的归属感。"五四杯"两次获省一等奖对我而言，是极其珍贵的记忆。

　　有人曾说我是论文评比获奖专业户，一写就能得奖，其实写作对我特别是刚开始并不是太容易，闭门拍脑袋，空想，每写一句都觉得很困难，甚至会绞尽脑汁。夏淑萍副校长对青年教师的要求启发了我："把想到的做出来，把做到的说出来，把说出的写出来。"华东师范大学崔允漷教授也说过："写不出证明你在胡说，说不出证明你在瞎做。"看来，要写出好文章，不仅要多读、多思、多练笔，更要带题授课多实践，多进行反思总结与改进。有了教学问题的困扰，努力坚持学习借鉴别人的经验和用自己实践的智慧去化解它，总结出来就是好文章。写作，是学习与思考播的种，实践下的蛋。各级论文评比照亮了我前进的道路，让我证明了自己在教科研方面也能行。

　　树老怕空，人老怕松，不空不松，从严从终。我虽然是一个"奔六"的老教师，但是不应有"空""松"的理由，因为无论是"空"还是"松"，耽误的不仅是自己，而且是人才的培养与未来的重托。由此，我将进一步珍惜未来的"讲台练功"时光，终身学习、潜心钻研、研以致用、精益求精，克服专业发展衰退期，发挥老教师应有的作用。三尺讲台生涯最大的感触是：从站稳到站靓，要"虚心真学""真爱育人""苦练真功""做真研究"。教育工作任重道远，务实奉献才能干好，创新奋进才有更加美好的明天。

附　录

一、专业成长部分成果

（1）1990 年迄今，在《生物学教学》《生物学通报》《中学生物教学》等专业杂志上发表论文 40 余篇。

（2）1990 年迄今，辅导学生参加奥林匹克生物竞赛获省一等奖以上的有 10 多人。2022 年辅导潘籽言参赛，获全国联赛一等奖（江苏省第一名，进入省集训队，国赛铜奖）。

（3）2001 年，被评为泰州市首届高中生物学科带头人。

（4）2005 年，被省人民政府授予江苏省优秀教育工作者称号。

（5）2008年，被评为江苏省中学生物特级教师。

（6）2009年，被评为江苏省"333人才工程"第二批中青年科学学术带头人。

（7）2010年，被泰州市人民政府授予泰州市有突出贡献的中青年专家称号。

（8）2011年，被确定为江苏省"333人才工程"第三层次培养对象。

（9）2011年11月，被评为江苏省教授级中学高级教师；2016年9月，晋升为专业技术三级岗位。

（10）2012年1月，主要教学思想被收入江苏省《著名特级教师教学思想录·中学生物卷》，该书由江苏教育出版社出版。

（11）在教育部2014—2015学年"一师一优课，一课一名师"网络晒课评比活动中，《DNA重组技术的基本工具和基本操作程序》被评为国家级优质课。

（12）2020年，参加北京师范大学出版社《高中生物学新课标案例解读》的编写工作。

（13）2020年，被评为江苏省教科研先进个人。

（14）2021年荣获泰州市首届"春蚕奖"。

（15）2022年参加江苏凤凰出版社出版的教材《普通高中创新拓展学程》必修一的编写工作。

（16）2022年《新时代胡瑗教育思想的校本化创新实践研究》获江苏省第四届教学成果一等奖。

（17）2022年《优化高中生物核心概念教学的实践探索》获江苏省第四届省教学成果二等奖。

（18）2017年、2021年连续两届被泰州市教育局聘为市高中生物名师工作室领衔人。

二、媒体专访

愿作春蚕独辛苦,不辞昼夜吐柔丝
——这位"大先生",叫黄敏!

(选自:"泰州教育发布"微信公众号,2021年9月2日)

从教31年,黄敏用爱心、勤奋、坚韧做学生人生道路上的领路者,用自己的一言一行践行着教育者的初衷和使命,照亮学生,成就自我。她不仅仅是知识的"搬运工",更是立德树人的"大先生"。

初心不改育桃李

20岁那年,黄敏从南师大毕业,分配到省泰中工作。岗前培训时,老校长洪宗礼先生语重心长地对新老师说:"三尺讲台就是我们的练功台,要把职业当作事业干。"这些话语深深激励了黄敏。从那时起,她就暗暗下定决心:一定要做像洪先生那样"情操高、教艺精、善研究"的好老师!

工作31年以来,黄敏时刻牢记初心,竭尽全力做学生成长的引路人。她教的是生物学科,她认为生物学是活的,不能教死,要播撒学生兴趣的种子,让学生"学得有趣",才能"教得有效""考得满意"。在教育学生时,她认为"喊破嗓子,不如做出样子,要求学生做到的,自己必须首先做到"。

苦练内功勇攀登

黄敏一直认为:打铁先得自身硬。只有自己的知识技能扎实了,教学起来才能游刃有余。她热爱学习,曾以第一名的成绩考上南师大在职教育硕士，并以同样优异的成绩毕业。平时各种培训她都乐意参加，因为她知道，随着教龄的增长，知识在老化，面对新课程新教学，老教师更要加强学习，一定要精心备好每一节课，认真上好每一节课，还要加强反思，研究教学规律，努力提高教学的有效性。

精诚所至，金石为开。在教育部"一师一优课，一课一名师"网络晒课评比中，黄敏所授的课被评为部级优质课；指导生物奥赛，有 10 多位学生获国家级、省级一等奖；开发的校本课程，荣获泰州市优秀课程开发及教学研究成果一等奖；在多年的教学改革中，形成了"让生物学教学成为再创造的过程"的教学主张，收录于苏派教育《著名特级教师教学思想录·中学生物卷》中；她主持、参与了 6 项国家级、省级课题，发表论文 70 多篇，其中发表于核心期刊的近 20 篇。

甘为人梯显担当

在自己成长的同时，黄敏还注重发挥示范引领作用，做好"传帮带"，一批骨干教师由此脱颖而出。

领衔四届校名师工作室，每天让新老师听先行课，耐心地与他们一起探讨教材教法，引导研究思路，黄敏校名师工作室被表彰为泰州市学习型班组（2015），泰州市"十佳"五一巾帼标兵岗（2018）。

2017 年，黄敏领衔泰州市第三届高中生物名师工作室，她更是以十二分的热情投入到其中，三年终结考核等级为优秀。为拓宽成员的学术视野，黄敏想方设法带领他们外出参加高端培训，走出去的同时请进来，请一流专家指导，促进理论和实践提升。黄敏同时用好网络课程，线上线下研修相结合，每年开展同课异构教学研讨十多次，活动一直对全市开放，吸引兄弟学校老师前来观摩。经过历练，工作室成员们成长迅速，多人次荣获省市优质课、基本功比赛一等奖，培养目标全面达成。

紧张的教学工作之外，黄敏还担任了教师发展处主任，精心组织开展各项校本研修活动，落实"青蓝工程""名师工程"，有力地推动了省泰中教师队伍建设。学校先后被评为江苏省教科研先进集体（2018）、江苏省教师发展示范校（2019）。在高品质示范高中创建过程中，黄敏领衔的"胡瑗学院卓越教师发展工程项目"，荣获"校优秀团队奖"。

三、影响专业成长的10本书

（1）钟启泉：《现代课程论》，上海教育出版社，1989年版。

（2）杜威：《杜威教育文集》，人民教育出版社，2008年版。

（3）皮连生：《学与教的心理学》，华东师范大学出版社，2009年版。

（4）齐渝华：《怎样做课例研修》，高等教育出版社，2010年版。

（5）唐渊：《责任决定一切》，清华大学出版社，2010年版。

（6）洪宗礼：《语文人生哲思录》，江苏教育出版社，2011年版。

（7）杨九俊：《幸福教育的样子》，江苏凤凰教育出版社，2014年版。

（8）余文森：《核心素养导向的课堂教学》，上海教育出版社，2017年版。

（9）李志聪：《追求卓越——团队中的教师专业成长》，上海教育出版社，2018年版。

（10）吴举宏：《从三维目标到核心素养：给生物教师的101条新建议》，南京师范大学出版社，2019年版。

四、问答

问1：黄老师，你在案例中叙说了你专业成长中的关键事情和关键

人物对你的影响，你认为这些主要影响了你的专业理念、专业知识还是专业能力？

答：省泰中的徐养清等老教师们严谨教学的态度，以及本着不误人子弟，倾心培养学生，高度负责任的事业心，关心帮助年轻人成长的胸怀，对我的教育意义比专业知识上的帮助更大。

问 2：在你专业成长中对你起到过重要推动作用的关键人物主要看到你身上哪些优秀的品质？

答：谦虚朴实、勤奋好学。

问 3：你认为自己的教师专业发展之路，是属于外在驱动型还是内在驱动型的？你认同教师专业发展是"自我更新的发展"这样的观念吗？

答：发展与培养不能给予或传播给人。谁要享有发展和培养，必须用自己内部的活动和努力来获得。我的专业发展之路主要是内在驱动型，在学校我常有小学科的危机感，我知道要争取学科地位和专业话语权必须靠自己的努力。我认同教师专业发展主要需要内驱力，是"自强不息，追求卓越"的"自我更新的发展"。当然良好的外部环境、条件和机遇也很重要。

问 4：在你的专业发展过程中，你认为是关键人物还是关键事件（如赛课、评优）对你专业发展的推动力更大？

答：关键事件（如开公开课）对教师专业发展的推动力更大。磨出一节课，认真听取同伴和专家的意见，对自己的教学抱开放态度，从课堂教学中学生学的实效性出发，进行"是什么？为什么？怎么会？"的自我追问，理解自身教学行为背后潜意识中的教学观念，认识到自己教学行为的不足和优点，寻找"教学的成功""教学的遗憾"，指向"教学重建—教学再设计"，并进一步思考是否可以找到同一类课题的有效教学策略。

问5：在教师专业发展过程中，你曾经遇到的主要困难是什么？怎么克服的？

答：曾经遇到的主要困难是："五严规定"和高考生物选修打等级后学生学习生物学科课时严重减少，如何做到上级要求的"减负增效提质"？解决的方法是：努力提高课堂效率。做到：强化课堂教学环节的有效设计，学生已经懂的不讲，学生能看懂的不讲，学生讨论后能自己解决的不讲，学生听不明白的不讲。特别关注：教学目标抓重难点、教学诊断的前置性、教学方法的多样化、课堂交流的民主性、反馈评价的及时性。

问6：利用问题串进行教学这种方式，你现在还在应用吗？在应用过程中存在的主要困难是什么？如何解决的？主要成效是什么？

答：利用问题串进行教学，这种方式现在还在应用。好的问题能够唤醒学生沉睡的心灵。多开发有价值的问题，以问题为主线组织教学，不仅能准确反映教学的重点、难点，而且有利于激发学生学习兴趣，启迪思维。应用问题串进行教学存在的主要困难是如何收集加工合适的教学资源，围绕教学内容设计出关键性、新颖有趣的问题串。另外，如何培养学生的问题意识？只有进行不断的学习借鉴、研讨、思考，主动与同事和学生交流，才能完善问题串的设计。科学引导，加强教学民主性，给学生表达的时空，才能培养学生的问题意识。

问 7：你为别的老师创造过关键事件吗？如有，请举个例子。

答：我在学校教研处的工作包括组织教师校本培训。2007 年以来，以中国教育学会教师发展学校为平台，以"名师工程""青蓝工程"等为抓手，开展校内外专家引领下的全员培训、分层分级培训和教师在岗自主研修，促进教师发展。先后于 2004 年、2008 年开展了省级、国家级课题研究——"新课程背景下教师队伍建设机制"的行动研究，在实践基础上初步构建了八种教师培训模式："我思故我新"——教师专业发展自我实践反思模式、"青蓝工程"——教师专业发展同伴互助模式、"教师发展学校"——教师专业发展专家引领模式、"四每学习小组"——教师专业发展持续动力模式、"有效教学论坛"——教师专业发展交流合作模式、"制定个人专业成长与发展规划"——教师专业发展目标激励模式、"建立教师专业成长档案"——教师专业发展的自我评价模式、"名师工程"——教师专业发展的标杆导航模式。

问 8：你有没有过自己作为关键人物影响了其他老师的事例？

答：有，具体是在课例研修中提高教研组的效能，促进大家共同进步。在中国教育学会专家指导教学活动中，韩涵老师准备上《人类遗传病》一课，我让她先独立钻研教材，进行备课，然后在集体备课时说课给全组成员听，发动全组成员为她提建议。在正式上公开课之前几次试讲，进行"一课三上"，不断让大家听、评、改，再听、再评、再改。韩涵老师自己也非常努力，对于大家给出的建议都非常认真地进行思考。我们一点小小的建议，她都会很好地吸取和改进完善。尤其是她"让学生扮演遗传咨询师，帮助《红楼梦》中贾宝玉解决婚恋和优生的难题"环节的设计,当初向她提出的是还没有思考成熟的一点想法,没想到她竟然能把它演绎得十分到位。在大家的共同努力下,韩涵老师的课得到了专家的充分肯定,教学水平有了质的飞跃。

问9:你认为促进教师专业成长的主要力量有哪些?

答:主要有三大力量:专家引领、同伴互助、自我反思性实践。特别重要的是,自我强烈且坚韧的内驱力,不断超越自我的进取心。从形式上看,校本研修是教师专业成长的沃土,读书学习是教师专业成长的加油站,上公开课是教师专业成长的催化剂,教学反思是教师专业成长的纠偏仪。

问10:你认为教师最重要的素养是什么?

答:教师应有多方面的素养,最重要的素养是思想道德素养。德是首位的。有德行的教师才能"为人师表""爱生如子",做学生锤炼品格、学习知识、创新思维、奉献祖国的引路人。

费岭峰卷

寄语年轻教育同仁：

专业的发展不可能是一蹴而就的。很多时候，它是一个从量变到质变的过程。当然，这个质变的『点』是不确定的，也是无法模仿的。教师的专业成长也是如此。一名想在专业上有所成就的教师，需要有明确的目标和详细的规划，需要有扎实的行动与善于总结经验的能力，更需要拥有一颗坚定的朝着目标前行的心。唯如此，才会坚持下去，最终跨过那个质变的『点』，获得成长的可能。

费岭峰

浙江省特级教师，正高级教师。现任职于浙江省嘉兴市南湖区教育研究培训中心。发表学术文章300多篇，出版专著《课堂的魅力——小学数学活动设计与教学》《怎么做课题研究：给教师的40个教育科研建议》《聚焦课堂教学：一位小学数学特级教师的研课手记》等3部。其中《怎么做课题研究：给教师的40个教育科研建议》一书入选2021年度中国教育新闻网"影响教师的100本书"。

我的职业是教师

与"教师"这份职业的缘分,始于 1985 年。那一年 9 月,我成了一名中师生,也是在进入师范后度过的第一个"教师节",国家以"节日"的名义,唤醒社会各界尊重教师,体现了对教师这份职业的高度认可。也许正是从那个时候起,对"教师"这份职业的认识在我心中有了神圣的感觉。3 年的师范学习后我踏上了教师的工作岗位,30 多年的经历,让我对"教师"这份职业有了发自内心的真切的热爱。回顾这 30 多年的教师生涯,许多场景历历在目,成长的点滴记忆犹新。

专业成长在课堂上发生

课堂教学是教师工作的主阵地。教师的成长首先是在课堂上。在我看来,走入课堂,面对学生的时刻,是我最为投入的时刻,也是我最感开心与放松的时刻。是课堂让我成长,是学生伴我成长。这期间,因为一些特殊的机缘,让某几节课成为我专业成长历程中的重要节点。这些课我将终生难忘。

说起《平行四边形面积》一课,时间得追溯到 1997 年 1 月。

那时，我工作8年零6个月。这节课是我参加市级教坛新秀评比的考核课，整体思路围绕课题"在小学中高年级学生中培养自学能力的实践与研究"展开。课上，学生围绕"预习思考题"进行交流学习的过程，给来考核的两位市教研员留下了深刻的印象。那个时候，对于一名农村教师来说，在工作不到10年的时间里被推荐参加3年一届的地市级"教坛新秀"评比，本就不多，能够呈现围绕研究课题展示教学的就更少了。这节课在呈现青涩研究成果的同时，也让我找到了专业发展方向：研究课堂，研究教学。

《圆环的面积》是1999年市"高质量、高效率"课堂教学评比的考核课。那时，数学教学生活化理念刚刚萌生，于是我在设计这节课时，着力点一是放在生活情境的引入，将新知学习置于生活问题的解决背景下；二是弱化计算要求，合理取舍学习材料，着重呈现思考过程，突出思维能力的培养。第二点也是创造性使用教材理念的体现。教学中，我大胆取舍学习材料，大量采用"只列式，不计算""根据问题选择恰当的算式"等方式，关注学生分析问题的过程，倡导算法多样化，发展学生灵活处理问题的能力素养。这节课，我敏锐把握教改方向，敢于创新教学的实践，为后续教学研究奠定了基础。于是便有了类似于《商的近似值》这样的课：从数学问题产生到解决，基本由学生自主完成，在解决问题的过程中理解知识，习得方法，同时还收获了碰到问题可以自己尝试解决的基本活动经验。

时间到了2007年，在4月的"南湖之春"教改展示活动中，我执教了《连除的简便计算》。课中，大胆创新、敢于突破的教学特点有了进一步的体现。这节课试图突破以往"运算律"教学

"观察现象—提出猜想—举例验证—归纳定律"的教学模式，采用"现象梳理，探寻意义"的教学思路，引导学生理解性质。教学过程也因为有了创造性思考、深刻理解，在展示时比较踏实，过程也比较到位，给听课老师们带去了不一样的精彩，得到了听课老师们的一致肯定。这节课后，我似乎找到了一种适合自己的教学实践路径，也基本形成了"突出数学活动的思维含量"的教学风格。课中"突出'意义'理解，发展学生数学思维力"的设计思路，在后来的许多课中有所体现，如《长方形面积》《分数乘分数》《用面积知识解决问题》等。

最后要说说的是《加法初步认识》一课，这节课是初踏教研员岗位后的第一次"下水"实践的常态课，其实践意义在于，帮助我确立了作为教研员进行课堂教学实践探索的基本方式，树立了从"经验取向"走向"实证取向"的教学研究实践路径。实践中，采用的课前"微调查"的方式，也在我后续《倍的认识》《周长的认识》《角的认识》以及《找规律》等多节课的教学实践中采用，至此初步形成了基于教学微调查的课堂教学研究方式。此课的教学实践，在角色转变之时，让我保持了实践研究姿态，实现了华丽转身。

从《平行四边形面积》到《加法初步认识》，是我课堂教学实践与探索之路上的见证。对我而言，每节课都有着重要的意义。10多年的课堂教学实践与探索的经历，不仅让我感受到了课堂教学的无穷魅力，更让我真正体会到了从一名普通教师成长为名师的幸福。

持续的深度研究，使专业成长更具厚度

教育科研可以促进教师的实践智慧生长。课题研究作为教育科研的重要载体，承载着促进教师专业发展的重要功能。我们说，不研究，不思考，日常教学只是重复性劳动，唯有研究才能使日常教学成为一种创造性的劳动。当然，课题研究因其需要更为专业的技术，比如问题的提出，比如研究方案的制订等，需要一定时期的经历与体验，需要通过具体课题研究的经验积累，才有可能体会其意义，收获专业成长的可能。对我来说，也是如此。

在2002年9月的"小学数学活动教学研究"立项为市级课题之前，我曾经申报立项过4个市级课题：1998年的"充分发挥信息交流的功能，切实加强学习方法的指导"、1999年的"小学数学活动课'引导探索、启发创新'教学模式的探索与研究"、2000年的"小学数学开放性教学的实践与研究"和2001年的"小学数学教学活动化的实践与探索"。4年时间，每年一项，没有间断，且其中三项课题的研究成果获得了市教育科研优秀成果奖。看这几项课题的研究内容，虽有一定的脉络可循，却还是不够聚焦。

而课题"小学数学活动教学研究"在2002年五六月提出后，同年9月被市教育科学研究规划办公室立项为市级课题，2003年1月又被省教育科学研究规划办公室立项为省级规划课题，2005年1月又被立项为省"十五"规划重点研究课题。与前面几项课题不同的是，当确定"数学活动"作为核心研究内容之后，这项课题就从市级课题申报到省级重点课题，由2002年开始研究，一直到2008年9月的省级重点研究课题的结题止，

立项研究的周期长达8年。如果算至2017年7月《课堂的魅力：小学数学活动设计与教学》的出版，那么对于这项课题研究的时间，将长达15年之久。

历时15年之久的"小学数学活动教学研究"，从开始的模糊思考，到逐渐清晰的研究框架，再到系统地实践，最后做了完整的总结、提炼，很好地体现了教育实践研究的特点。

2003年12月，研究阶段性成果获市基础教育论文评比一等奖时，我围绕"活动教学"的内涵、特征进行思辨，强调了"活动教学既是一种具体的教育教学形式，也是一种教育教学的主张和思想"，立足点更多在于"活动教学"。相对来说，这个时期对于"数学活动教学"的认识还是粗浅的、模糊的。2004年8月，作为市级规划课题结题时的研究报告，基本以此文为基础进行了适当的扩充整理而成。

2006年11月，作为省级规划课题结题时的研究报告，对"活动教学"的内涵延续了前期研究的论述，增加了"有效数学活动的特征"判断依据的思考，初次提出了"经历型""体验型""探究型""创生型"等四种不同类型的数学活动。2007年6月，研究阶段性成果参加省基础教育论文评比时，基本以这份研究报告为蓝本，只是在理论思辨上，由对"活动教学"内涵思辨，转向了对"数学活动"的价值思考，突出了"以活动为载体的数学学习过程是新课程理念下数学课堂教学的基本特征"的定位。这也开启了以"数学活动"为着眼点的深度研究与思辨提炼。

2010年8月，我调到南湖区教研室工作后，关于"数学活动"的设计与教学的研究仍然是我进行课堂教学实践与研究的重要视角。这些年中，作为教研员"下水"实践的许多课，比如

《认识钟表》《周长的认识》《分数除以整数》等，仍然是对"数学活动"与"活动教学"研究的体验与总结，虽然离开了学校工作岗位，但一直没放弃过对"数学活动"的思考，甚至在两个层面做了更为深入与扎实的研究。一是理论层面，以2013年度市名师课题"小学数学活动特质及其教学研究"为抓手，对"数学活动"的特质内涵进一步思辨，深度思考"数学活动"的内涵及其教育学意义；二是实践层面，以2013年度市教研员课题"基于'过程目标'的小学数学活动设计及教学研究"为载体，对四种类型的"数学活动"进行更为具体的、贴合实践的课例研究。

因为有对"数学活动教学"持续性的深度研究，积累了丰富的第一手资料，也便有了15万字的《课堂的魅力：小学数学活动设计与教学》这一书稿，2017年在华东师范大学出版社出版。成果专著的出版，是对数学活动教学的策略方法作了结构化提炼，更为重要的是在思考与写作中，让我对教育教学的理解更为自信，在专业发展上增加了厚度。

｜ 教学写作中发展专业洞察力 ｜

写作可以让我们的教育教学实践留下属于自己的印迹。

写作可以让我们对教育教学问题的思考更为深入。

感谢自己20多年来的坚持，让教学写作成为我教育教学生活的重要组成部分。正是因为坚持进行教学写作，让我看教育教学问题的眼光更为敏锐，使我的专业思考力得到不断提升，教育教学的洞察力也有了长足的进步。

教学写作的冲动，首先来自对教学问题的思考，是对真实教学问题思考过程与研究行动的记录，写成的论文也好，课例也好，随笔也好，都应该是一种有感而发的成果表达。回顾一下我写的教研文章：《如何创设有价值的问题情境？》《让学生体验什么？》《学生的学习是否真的发生？》《如何用好活动生成资源？》《"小棒操作"为哪般？》《今天，我们该如何教"简便计算"？》……文章的题目就表明了，写作这些文字是源于对某个问题的思考。这也是一位教师在听了我教研文章写作经历后的感受："费老师，您的好多文章是用问题作题目的。"确实如此，这也是我教学写作的初衷吧。可以说，问题是我写作教研文章的源起。许多文章是我对相关教学问题思辨过程的记录。

比如，在听一位教师执教《笔算两位数加两位数（不进位）》一课时，看到老师用到了摆小棒。当时，我敏锐地感觉到，"摆小棒"在本节内容的教学中有着重要的意义，但要组织落实好这个活动，却有许多问题值得思考。如"什么时候摆小棒""该如何组织学生摆小棒，才能使操作活动产生更大的教学价值"等。课后就这些问题，我与执教老师进行了交流，建议思考两个问题：（1）以小棒操作来引出竖式有没有价值？（2）理解两位数加两位数不进位加法的关键点到底在哪里？在此基础上，对第一次教学过程进行修改，进行第二次教学实践。这便是我写作《"小棒操作"为哪般？》一文的起因。当然，在接下来整理案例时，新的问题随之而来，诸如"什么情况下需要动手操作""怎样的动手操作才是有价值的"等问题则是对"动手操作"活动一般规律的思考，于是便写下了：一般陈述性知识的习得不适合于"动手操作"，而程序性知识（技能性知识）则比较适合引导学生通过动手操作等活动来获取……

显然，本文的写作是基于一系列"问题"思辨过程的记录，既有实践的支撑，更有问题思考与解决的具体进程。再如《教材需要系统解读》《今天，我们又该如何教学"简便计算"？》等文章，均源于对实践中问题的思考。《教材需要系统解读》从一次教学实践由于对教材理解的不恰当而产生的问题出发，围绕"找出问题所在""分析问题产生的原因"以及"解决问题的策略思考"这一过程进行了记录。《今天，我们又该如何教学"简便计算"？》一文，初看似乎是对实践问题的回答，细细读来，却是我对新课程理念下"简便计算"教学中的一些基本问题的思考。

我们常说，有深度的思考，一般总是通过文字来呈现。教学写作，可以在记录的同时对教育教学作深度思考，可以换一种方式与同伴交流探讨教学问题，表达自己的教育教学观点，因此，在学校工作时，教学写作就已经成为我教学生活的重要组成部分。现在，作为一名教研员，我更加懂得，教学写作应该成为日常研究教学、实践教学、指导教学的自觉行为，成为我分享教育教学经验与思考的重要方式。

| 开放式阅读：让职业内涵更为丰富 |

对于一位希望在专业发展的道路上走得更远的教师来说，大量的专业阅读，同样是一种不可或缺的历练途径。我所理解的专业阅读，主要是指围绕专业内容进行的阅读。比如说教师，读教育类的杂志或书籍，就可以说是围绕专业进行的阅读。

如果细分的话，专业阅读可以分为两类：一类是以完成某个特定目标而进行的阅读，比如学历考试，比如课题研究；还有一类则是不以完成短期目标为旨归的随意、随性式的阅读，比如平时翻阅专业类杂志。对我来说，我虽然也会有比较多的为完成某个短期目标进行的专业阅读，但更喜欢后者。因为随性而动的阅读，因其不在于一蹴而就的理解与掌握，只是为逐渐丰富的内化与涵养，非功利化的阅读，更具包容性和平常心，可以让阅读回归本来的面貌——只为丰富与涵养。

"在这个现代信息技术发展迅猛的时代，已经有这样一种观点，互联网学习可以取代学校教育，认为学生可以足不出户学习知识，发展能力，甚至可以成长为专业的人才。而事实上，这样的观点只看到了学习作为'求知'的一面，发展技能的一面，却忽视了人的发展的社会性和价值观形成。无论现代信息技术发展进程如何，学校教育中关于'人的社会性与价值观形成'很难为互联网学习所取代，因此，学校仍然有其存在的价值。"这是在阅读了黄武雄先生的《学校在窗外》后的感想。

在读了北大教授钱理群先生的《我的精神自传》一书后，想到了作为教师同样需要构建属于自己的"精神家园"：教师唯有"精神世界"的完满，才能使"实践"与"反思"更能体现"教育学意义"；除了努力成为"反思性实践者"之外，需要培育"真正独立的人格"，需要努力构筑起属于自己的、引领自身实践的"精神家园"。

这样的阅读，可能在教学"技"上没有太大的直接意义，但在专业成长的"魂"上却有着不容置疑的价值。教师的专业阅读不应仅仅局限于教育教学领域，需要拓展到整个哲学社会科学的领域，甚至其他如文学、艺术、经济等领域。

回望多年来的阅读，可以感觉到，我的阅读书单是"杂"

的：教育教学类的、文学类的、哲学类的、心理学类的。读小说散文类的文字，更多在于感受文字的美、艺术的雅与形式的创新、故事的跌宕等。比如读王安忆的《考工记》，对陈书玉似有种未曾谋面，却已相识的感觉。因为连续一段时间读专业类书，回到阅读小说时，意在"寻找理性与感性间的平衡"。读麦家的《人生海海》，"吸引我的首先是文字，然后是故事"。这是我读这部小说的最初感受，本想读几页过过瘾，却最终一口气读完了。读了多遍的法国作家阿尔贝·加缪的《局外人》，对默尔索"看似局内，却已局外"的悲剧有了更为深刻的理解与认识。而在读到波兰作家奥尔加·托卡尔丘克的《太古和其他的时间》时，被故事中"现实与神秘交织"的氛围吸引，似乎找到了当年读马尔克斯《百年孤独》时那种感觉了，不为故事所震撼，却被小说结构上的创新"惊到"。

阅读哲学、心理学类的专著，还是有一定的挑战性的。首先需要安静下来，进入到一种专注阅读的境界，然后才有可能随着哲人的文字一起去思考。有时候，虽是做到了这些，读着却仍然似懂非懂。曾在《时间简史》的读书随笔中借用作家毕飞宇的话谈到，虽然读不懂，但还是想去读，"隔着窗户，远远地望着它们在那儿，这不很好么？"其实读哲学著作，很多时候也是这样的感觉。比如读萨特的《存在主义是一种人道主义》、蒯因的《从逻辑的观点看》等，确实比较难读。这个时候，阅读一些哲学小史类的书籍，可以补充对相关哲学观的了解，不失为一种好的方法。如阅读法国哲学家多米尼克·贾尼科的《苏菲的哲学课》、胡适先生的《哲学小史》等。

阅读哲学著作，其实还真的有一种"因为难读，所以要读"

的冲动，似有一种挑战自我的感觉，那种需要全身心投入的感受与经历真的会让人逐渐养成静心阅读的习惯。读时，用十二分的专注，时常为一句话回看前面好几页的内容，在"读了后面的内容，忘记了前面的讲述"的时候，可能会翻回到前面重新阅读……也许，正是在阅读哲人文字的辛苦中，学会了深度阅读，学会了推敲文字，学会了专注思考。事实上，专注于做某件事，应该成为现代人的重要素养。

近些年来，工作之余，我一年的阅读量在 30 本左右，肯定不算读得多的，但也应该算是高于人均年平均阅读量了。因为有了开放性的阅读，让我在"从学科人走向教育人"的行程中，越发走得坚定，行得从容。

附 录

一、专业成长部分成果

（1）1997 年 1 月，撰写的第一篇教学论文《课前预习与学生自学能力培养》获嘉兴市小学数学教学论文评比一等奖、浙江省三等奖。

（2）1997 年，被评为嘉兴市教坛新秀。

（3）1999 年 5 月，获评嘉兴市中小学"高质量、高效率"课堂教学评比一等奖。

（4）1999 年 8 月，获评嘉兴市首批学科教学带头人。

（5）2002年2月，教学案例《把思维的空间留给学生——"商不变的性质"导入设计比较分析》发表于《中小学数学·小学版》，这也是首篇在国家级刊物发表的专业文章。

（6）2003年3月，两项课题研究成果在嘉兴市教育科研优秀成果评比中获二等奖，并被评为2001—2002年度嘉兴市教育科研优秀个人。

（7）2003年9月，参加浙江省"5522"名师名校长工程小学数学第三批名师培训班培训。

（8）2003年，《"圆柱的认识"教学实践与反思》一文发表于《小学数学教师》，《有了"主题图"以后》一文发表于小学数学教学研究会会刊《小学数学教育》杂志。

（9）2003年9月起，研究课题"小学数学活动教学研究"开始进入实践研究阶段。同年9月被立项为嘉兴市规划课题，2004年1月被立项为浙江省教育科研规划一般课题。研究结题后又继续申报，于2005年1月被立项为浙江省教育科研规划重点课题。自此开启了长达15年的针对"小学数学活动的设计与教学"研究。

（10）2004年11月，在由浙江省师训中心组织的浙江省"5522"名师名校长工程课堂教学展示活动中，执教观摩课《射线与角》一课。

（11）2005年5月间，被评为浙江省教育科研先进个人。

（12）2007年8月，被评为嘉兴市中小学名教师，后连续三届入选。

（13）2008年1月，《连除简便计算》一课被确认为浙江省"农远工程"展示课，后又在全国小学数学教学研究会组织的"深化教学改革研讨会"上获录像课评比一等奖，并在浙江省小学数学十年课改成果展上做展示。

（14）2004—2008年，共有60篇专业文章发表于省级及以上专业刊物，其中在《小学数学教师》发表 5 篇，在《教学与管理·小学版》发表 4 篇。

（15）2009 年 1 月，课题研究成果"小学数学活动教学研究"获浙江省 2008 年度教育科研优秀成果评比二等奖。

（16）2009 年 11 月，获浙江省"教改之星"金奖。

（17）2010 年 8 月，被评为嘉兴市"十佳"青年社科人才。

（18）2011 年 5 月，第二次被评为浙江省教育科研先进个人。

（19）2009—2013 年，共有 83 篇专业文章发表于省级及以上专业刊物，其中《忽视"证伪"教学的原因及对策》发表于中文核心期刊《课程·教材·教法》2013 年第 12 期。

（20）2014 年 8 月，作为人教社教材培训专家，在江西上饶、内蒙古包头等地做新教材使用培训。

（21）2015 年 9 月，被评为浙江省优秀教研员。

（22）2016 年 5 月，获评长三角地区教育科研优秀个人。

（23）2017 年 7 月，课题研究成果专著《课堂的魅力：小学数学活动设计与教学》由华东师范大学出版社出版。

（24）2014—2020 年，又有 101 篇专业文章发表于省级及以上专业刊物，其中《新版课标视域下"问题解决"的定位与教学设计思考》发表于中文核心期刊《课程·教材·教法》2015 年第 2 期，《课堂教学：把眼光放远一些》与《教育的中心是"人"》等短文发表于《人民教育》。还有 4 篇文章被中国人民大学书报资料中心的《小学数学教与学》杂志全文转载。

（25）2018 年 5 月，课题"聚焦'思维过程'的小学数学测评题命制与运用研究"被浙江省教育厅教研室立项为重点规划课题。

（26）2018 年 8 月，被评为浙江省特级教师。

（27）2018 年 10 月，被评为浙江省教育报刊社的"浙江省 2018 年度书香人物"。

（28）2019 年 5 月，入选浙江省课程改革专业指导委员会小学数学组成员。

（29）2017—2019 年，入选浙江省教育质量综合评价小学数学监测组核心成员，参与浙江省教育质量综合评价小学数学学科的监测工作。

（30）2019 年 12 月，通过浙江省正高级教师职称评审。

（31）2021 年 5 月，专著《怎么做课题研究：给教师的 40 个教育科研建议》由华东师范大学出版社出版。

（32）2021 年 5 月，课题"系统思维下的学校教学常规'发生式'管理实践研究"被浙江省教育厅教研室立项为规划一般课题。

（33）2021 年 8 月，获评嘉兴市教育领军人才。

（34）2022 年 10 月，专著《聚焦课堂教学：一位小学数学特级教师的研课手记》由华东师范大学出版社出版。

二、媒体专访

给中小学教师一份可落地的课题研究指南

（选自《教育家》2022 年 8 月刊，记者：李香玉）

"我想做个课题，可不知道研究什么。""我前两天写了个课题方案，想申报课题，不知道写得对不对？""我的课题选题是不是合适？"早年还在学校担任教科研工作分管校长时，就有不少教师来问费岭峰一些与教育科研有关的问题。2010 年，调任浙江省嘉兴市南湖区教育研究培训中心负责教科研工作的指导与管理工作之后,费岭峰与教师们谈到教育科研、课题研究的机会便更多了,也经常遇到教师问询与课题研究有关的问题。于是,他便收获了《怎么做课题研究:给教师的40个教育科研建议》这本书的第一手资料。

在该书中,费岭峰聚焦一线教师在教育科研中感到困惑的热点问题,从教育科研选题、研究思路设计、研究过程实施、研究方法运用、研究成果总结等方面,做出了详细的分析和解答,为一线教师做课题研究提供了方法与指导。

怎么选——聚焦课题的研究价值与可行性

《教育家》:在您看来,一线中小学教师做课题研究存在哪些共性问题?

费岭峰:结合平时与一线教师们的交流,以及对他们所提出问题的分析来看,一线教师做课题研究主要存在着以下三个方面的共性问题。其一,不知道研究什么。这其实是一线教师缺乏课题研究经验的典型表现,想研究不等于会研究。其二,研究的选题缺乏新意。原因主要有三:一是选题过于宽泛,不够聚焦;二是对所研究的问题思考不深,对问题本质的认知不足;三是不能找到热点话题与自身实践之间的真正联系。如"双减"背景下作业管理与设计的改进问题。有教师认为作业改进研究就是设计实践性作业、综合性作业等,而不能着眼于常规作业的高质量设计,从创新突破上入手去改进研究。这其实是没有真正把握"双减"背景下改进作业管理的深层意义。其三,不能以科研的思路来设计研究过程。假设基础上的实践、实践基础上的分析与提炼,是科研的基本思路,也是课题研究的基本过程,不少教师对此不甚了解。

《**教育家**》：有教师提出这样的困惑，在"课题热"的当下，什么样的课题才能在众多课题中脱颖而出？

费岭峰：对于这个问题，我首先得表明一个观点：课题研究首先不应是为了"脱颖而出"而做，而是为了真正解决实践中的问题，或研究总结有价值的经验而做。对于一线教师来说，课题研究的首要目标应该是更好地解决问题，然后再来考虑新意。

退一步说，如果一个课题需要有"脱颖而出"的魅力，首先应体现在其研究价值与可行性上，即这个课题值不值得研究、一线教师能不能研究。比如，一位任教幼儿园小班的教师想研究幼小衔接的问题，在我看来就不太合适，甚至缺乏研究的可行性。原因是，刚入园的小班幼儿更迫切需要解决的是如何适应从个体活动为主到进入群体活动的问题。

曾有校长给了我三位教师的研究选题，希望我帮忙确认下哪个选题更值得研究。三位教师的选题，一个涉及学科学习质量评价工具的研发，一个关于劳动教育的校本化推进，还有一个是语文学科中"长文短教"的问题。我最感兴趣的是第三个。对这三个选题的研究价值，我当时是这样分析的：学科学习质量评价工具的研发与劳动教育的校本化推进，这些研究点虽有价值，但不属于急迫的问题，教师可以创新，也可以延用原有的方法。而"长文短教"对语文统编教材的使用来说是一个新生事物，是一个真真切切的、亟待解决的问题，需要更多一线教师通过研究形成相应策略，找到切实有效的方法。

《**教育家**》：一线中小学教师如何找到既与日常教学工作密切相关又具有一定研究价值的课题？

费岭峰：选好题的基础有二：一是立足当下，关注自身的教育教学实践；二是着眼未来，关注教育教学的发展。实践比较好理解，即当下的工作，平时的管理与教学工作。教育教学的发展需要展开讲一下。这些发展一般体现在政策、文件要求中，有些是通过规范性的文件呈现出来的，比如"双减"文件；有些则通过纲领性文本呈现出来，比如新版课程标准。

一般来说，着眼于政策文件要求与教育教学实践之间的矛盾点来选题，比较有研究价值。因为矛盾点、差异点，容易产生可感的问题，需要通过相应的课题研究进行尝试和解决，如此，课题研究就具有了前瞻性，这也正是课题研究应该发挥的功能。

怎么做——围绕问题进行深入思辨

《教育家》：最有价值的课题往往来自教育实践，如何把教学中遇到的问题提炼成"课题"？如何思考与确定课题的研究路径？

费岭峰：这个问题，我近几年跟老师们聊得最多。我认为可以从"思考问题的专业内涵、挖掘问题的价值所在、找到问题的探究要点、细化问题的逻辑结构"四个维度加以探讨与分析。问题的专业内涵体现的是问题的本质，即我们需要围绕问题进行深入思辨，从问题表象深入问题本质，才能抓住解决问题的关键要素，也才能真正理解与把握研究的价值；找到问题的探究要点与细化问题的逻辑结构，则是设计研究思路的基本工作。举例来说，我们如何将"课堂上学生提出问题的能力相对较弱"这一问题转化成课题？第一个维度，基于一种工具来提升学生提出好问题的能力，我们可以提出"课堂导问单的设计与应用研究"这一课题；第二个维度，通过设计某种情境，在课堂上组织学生参与到教学活动中来，以培养学生提出好问题的能力，基于此，我们可以提出"小学课堂一境多问的实践与研究"这一课题；第三个维度，围绕整节课来培养学生提出好问题的能力，我们可以通过"一课三问"的路径，形成"启思导问式课堂"的范式。

针对同一个问题，基于不同维度的假设，可以提出不同的课题，这就是将问题转化成课题的思维方式。

《教育家》： 没有课题研究基础的一线教师应如何起步？有了一定经验和问题意识后如何进行更高层次的课题研究？

费岭峰： 没有课题研究经验的教师，可以尝试选取某个研究点，先不用考虑有没有创新性和前瞻性，只要认为这是一个需要解决的问题即可，然后模仿着做研究设计（即方案的仿照写作），包括问题的提出、研究目标设定、研究思路设计、研究内容及策略梳理。首先需要经历一次相对比较规范的课题研究过程，在这样的过程中，课题研究所需的逻辑思维就会逐渐建立起来。

对于有了一定课题研究经验的教师，若想在教育科研上再进一步，则需要从选题入手（即选择有价值的且有一定新意的研究点），然后持续深入地进行多轮研究，以真正寻求问题解决的突破点，形成相对扎实的研究成果。一般而言，历时多轮的研究课题，会让研究者自觉地寻找突破点、创新点，进行深度研究。

我还有一个观点，对于承担过市级重点课题或省级课题的教师来说，不一定非要再去申报一个新课题来做，可以在原有课题的基础上进一步研究，坚持围绕这一点深入下去。比如，从 2002 年开始，我对"小学数学活动教学"的实践研究历时十多年，虽然换了好几所学校，但无论在哪里，关注数学活动、思考数学活动的有效与否，始终是我研究课堂教学的关键点。2010 年任职教研员以来，关于"数学活动"的设计与教学的研究仍然是我进行课堂教学实践与研究的重要视角。2017 年，我的研究成果结集出版——《课堂的魅力：小学数学活动设计与教学》。课题只是起步，唯有不断深入研究。当你的研究成果出来之际,也正是你的教学特色形成之时。

《教育家》:一些教师表示,课题研究成果常常出现逻辑结构的混乱,变成"大杂烩"。如何避免这种情况的发生?

费岭峰:造成这一问题的根本原因,在于研究设计时就不够聚焦,或者说对研究内容是不明晰的。还有一个原因,可能是研究者在课题研究过程中,把工作性质的材料当作课题研究的内容来处理了。比如有些研究课堂教学的课题,将课堂教学研讨活动计划等内容作为研究成果来整理。此外,还有一些课题研究者在整理总结成果时,会将自身所有的工作堆砌到成果报告中,同样会造成研究成果的杂、乱、不聚焦。

因此,课题成果的总结,需要在研究方案设计时便想好。我很认同一位专家的观点:想好了再做研究。课题研究者,在设计研究方案时,需要将问题提出的缘由、研究目标设定与研究思路设计(包括研究核心内容及其关系的梳理、研究路径策略的设定)想完整、理清楚。在结题时只是针对课题研究的成效作出分析,这样的成果提炼才有可能避免出现"大杂烩"。

让阅读与教育科研相生相伴

《教育家》:据了解,您平时酷爱读书。在您身上,阅读与教育科研是如何相生相伴的?

费岭峰:对我来说,阅读其实有两个功能:一是解压,二是丰富生活。因此,我的阅读也挺杂的,我在微信朋友圈里有一个专门谈阅读体验的"栏目"叫"乱读书",已经连续记录了五六年。每年都有近百则小感悟,有时也会写一些阅读笔记。说到"乱读书",有的时候确实是乱读,小说、杂感、史书,哲学类、经济学类等。但有时候是有目的的、围绕专业的阅读。这样的阅读过程对于我所从事的教育科研与研究指导工作来说，其实都是有用的。

减压类的阅读，更多是出于喜欢而读。虽然非专业类的居多，但事实上开阔了我研究教育教学问题的眼界，同时在阅读思考中发展了思辨力，历练了自身的逻辑思维能力。

专业类的阅读，更多还是有意识地去读，也就是所谓"逼着自己去读"。因为在某个阶段，确实感到自身的研究力与研究指导力遇到了瓶颈（因为作为一名科研指导者，面对的是从幼儿园到高中且不同学科的教师，不能仅仅局限于自身任教学科与自身所在学段），需要充实自己，需要寻求帮助。于是，学习便成为一条必由之路。

在每年的某个时间段里，我的阅读都会集中在专业书籍，特别是教育理论类和心理学类。读教育经典理论类的书，提升的是自己对教育的理解，会让我站在更高位思考教育教学实践问题，这对于教育科研是极为重要的。唯有站得高才有可能望得远，帮助教师选择研究点时，才能考虑到其研究的前瞻性。读神经科学类与学习理论类的书，打开的是对学习过程深度认知的一扇门。在现代科学理论背景下指导教师研究学生的学习，可以让学习研究更科学、更有价值。因此，在阅读这类书的过程中，我会有意识地收集一些研究选题，发在朋友圈，供教师们选题时参考。

作为一名教研员、科研员，承担着教学管理指导、教学研究指导、课题研究指导的任务，阅读是必不可少的专业行动之一。

三、影响专业成长的10本书

（1）钟启泉、张华:《课程与教学论》，广东高等教育出版社，1999年版。

（2）沈德立：《发展与教育心理学》，辽宁大学出版社，1999年版。

（3）加西亚·马尔克斯：《百年孤独》，上海译文出版社，1989年版。

（4）毕淑敏：《心灵密码》，安徽文艺出版社，2009年版。

（5）阿德勒：《自卑与超越》，作家出版社，1986年版。

（6）马克斯·范梅南：《教学机智——教育智慧的意蕴》，教育科学出版社，2001年版。

（7）冯友兰：《中国哲学简史》，生活·读书·新知三联书店，2009年版。

（8）成尚荣：《儿童立场》，华东师范大学出版社，2018年版。

（9）约翰·杜威：《民主主义与教育》，人民教育出版社，2001年版。

（10）L·W·安德森等：《学习、教学和评估的分类学》，华东师范大学出版社，2008年版。

四、问答

问1：教师的专业成长指的是什么？

答： 教师的专业成长外显层面，指的就是你会上课了，会教育学生了，会思考教育教学问题了，会研究了，接着你的教育教学行为被社会认可了，等等。隐性层面更多指的就是，对"上好课，育好人"内涵的理解站位高了，你理解了"上好课，育好人"的本质，使得你的行动力更强了。

问2：教师的专业成长需要规划吗？如果需要，那么该怎样规划？

答： 需要，有目标的人，总比没有目标、随波逐流的人更热爱生活一些。规划就是一个人专业发展目标的具体化。

具体怎样规划,则是需要根据每个人的特点而定的。有些人,适合设定小目标,然后努力去实现,然后再设定一个目标,重新再来。有些人,适宜设定长远目标。

问 3:该如何保持专业成长的内驱力,并影响身边的人?

答:发现工作的乐趣,成长的乐趣,并乐在其中。

很多时候做好自己,就是影响身边人的最佳方式。

问 4:教师专业发展有没有关键节点?

答:节点是有的,只是并不是在发展前知道的,而是过后回顾与反思才知道。许多影响人专业成长的关键节点,可能是一件事,比如一次赛课的经历;可以是一个场景,一次阅读,一次交流,有时候甚至就是一句不经意的话。

问 5:你有没有过"躺平"的想法?

答:当然有啊!生在一个迅猛发展的时代,总有疲惫的时候。但这样的念头,基本上是一晃而过。因为我知道,"躺平"是舒服的,只不过,这个"舒服"需要付出代价。除非你躺下后不起来了,不然,当你"起身"之后,你会更加焦虑:我怎么落下了这么远了?

问 6:消除你专业成长路上的"焦虑""疲惫"心态的法宝是什么?

答:运动与阅读。其实每个人消解烦恼的方式是不同的。适合我的方式,就是这两种。运动更快些,阅读则会让我更好地了解自己。

问 7：有没有一种对专业成长帮助特别大的方法？

答： 有，就是教学写作。这是我最深刻的成长体验。

我们知道，教师的职业是一种实践性特别强的职业，需要有很强的实践能力。但这并不表明，教师只需要"做"，不需要"思考"。教育教学的对象是人，而人是最为复杂的生物，因此，教育教学工作其实极需要创造力。现在写作也刚好是一种促进深度思考、培养创造力的方式。有什么理由能阻止我们不去用呢？

问 8：听名师讲课时我们需要关注些什么？

答： 带着思考的脑袋。

问 9：如何看到自身的"优势"，并放大之？

答： 认识自己不容易，不过，目标有了，然后坚定地朝前走，"优势"自然而然会放大的。

问 10：如何保有一颗坚定而又平静的专业发展之心？

答： 敢于独处，享受"孤独"。

赵美玲卷

寄语年轻教育同仁：

教育的探索，始于自我反思。有道是「道前定则不穷」，确立一个清晰的方向，并以终为始，笃定坚持，就会拥有更大的动力，也会拥有更多的定力，能走得更久，也能走得更远。

赵美玲

正高级教师，江苏省特级教师。江苏省第二届乡村初中英语教育带头人培育站主持人、江苏省第二届乡村初中英语骨干教师培育站主持人、泰州市赵美玲初中英语名师工作室领衔人。获得江苏省基础课程改革教研优质课一等奖、第九届全国中小学外语教师园丁奖、江苏省教学研究成果二等奖、泰州市教学成果一等奖。近5年，主持四项省市级课题研究，均已顺利结题。

守一抹暖阳，待一树花开

1995年，我大学毕业，到学校报到后才知道，学校一直被当地老百姓戏称为"农中"，还流行一句歇后语："农中农中，滥死无用。"简陋的教室、破旧的操场，还有一间漏风的宿舍，就这样，懵懵懂懂之间我站上了三尺讲台。这一站就未曾离开过，我经常说每次填写工作经历，我只需一行就够了：1995年至今。

回忆往昔，一幅幅画面在心中不断定格，越来越清晰。我用我的青春见证了学校翻天覆地的变化。寒来暑往，和学生一起奔跑，一起欢笑，没有惊天动地的悲欢离合，点滴的感动却悄然累积心头。

| 陪伴·责任 |

工作以来，我一直担任班主任，始终坚持"全面关注、全员关注、全程关注、全力关注"的基本理念，多层面、全方位、重过程地关注每一位学生的成长与发展。

以下是我一天的日常工作：

6:20准时到校,我认为早读课之前的时间是一天中最重要的时间,不管是寒冬腊月,还是盛夏酷暑,我总是第一个到班,站在教室门口迎接每一位学生的到来。然后静静地坐在教室角落里,默默地观察每位同学的动静,看他们是否按时上交作业,是否积极打扫卫生,是否能够管理好自己的时间。上课时我会给他们总结情况,对做得好的同学进行表扬,对做得不太好的提出建议。

没课时,任课老师上课就是我备课、批改作业的时间。

课间,不管多忙,我必定到教室里去。活泼好动的初中生,一下课就会追逐打闹,玩什么的都有,就是听不到上课铃声。我会在教室里巡视一圈,检查学生的书和笔记本是否放在桌子角上,不断地引导学生如何合理安排课间10分钟。这是一个慢慢改变的过程,尤其是初一年级的每个课间,我都会出现在教室里。久而久之,学生就会养成良好的习惯。

中午,我在食堂陪同学生就餐。每次我都会站在队伍前面,组织学生站好队伍,要求学生做到"快、静、齐"。我会跟他们说,就餐时要讲究互相谦让,尤其男生要绅士,要礼让女生,爱护女生。因此我班上的女孩子幸福感很强,因为她们被保护了;男生自豪感很强,因为他们帮助了女生。

夜晚,我去检查住宿生的情况,督促他们按时就寝。

"陪伴是最长情的告白",这样的陪伴之后,不管学生多么调皮,多么桀骜不驯,都能改掉许多不良习惯,学会自律。我的班级管理工作变得非常轻松、顺心。

"教育是爱的艺术,没有爱就没有教育。"我追求的是没有裂痕的真爱,是面向全体学生的爱。2002届王某某同学,腿有明显的残疾，加之他性格内向，学习成绩又不太好，有的同学口无遮拦，有时当面取笑他。发现这一情况后，我没有对嘲笑者进行暴风骤雨般的批评，而是循循善诱。我从大家喜爱的音乐谈起，谈到失去听力但成就非凡的世界音乐大师贝多芬……通过具体的事例，让学生明白：人应该有怜悯之心，同情弱者。一些同学的生理缺陷，并不是他们自身的过错，他们通过努力完全可能有杰出的贡献。在全力呵护弱者的同时，我也注意保护那些所谓"麻烦制造者"的自尊心，努力避免他们在心理上受到伤害。

我鼓励学生把生活的困难、思想的困惑告诉我，我会尽我所能帮助他们。有一天，有名女生告诉我她对妈妈很不满意，说妈妈整天就知道打扮、搓麻将，从不关心她，好看的衣服也总是和她抢着穿。我连忙和她妈妈取得联系，询问了详情，并且婉转地提出了小孩对她的一些看法，和她一起分析了孩子的心理，提出了一些建议。后来，我又和那名女生多次交谈，告诉她什么是正确的审美观，学生该穿什么样的服装，成人的衣服并不适合学生穿。后来这名女生和她妈妈的关系变得和谐了，学习成绩也得到了提高。

真正的教育存在于无言的感动之中。学校地处农村，外出打工的家长非常多。由于父母长年在外，不少孩子成了"留守学生"。2008届的吴某某同学是个体育特长生，常常在体育训练后打架，从校内打到校外。我没有嫌弃他，成绩不好，给他补课；缺钱用，借钱给他；生病了，去医院看望他。终于，他慢慢转变了。可是没多久，他又把人打伤，这次在外务工的父母彻底伤透了心，对他不闻不问，还说要断绝父子关系。越是这样，我越不能冷落、歧视他，依旧每天不厌其烦地给他送东西，和他谈心，给他讲陶行知先生《面壁思过》的故事。情到之处，金石为开，他终于改掉了打架闹事的恶习，还养成了助人为乐的好品质。后来他参军了，在部队还荣获了一枚军功章，探亲的时候他特地带着军功章、女朋友来看我。隔一天正好有个学生参加泰州市中学生口语大赛获得了一等奖，欣喜之余，我发了个朋友圈："昨儿个前任学生带着军功章拜访，今儿个现任学生荣获一等奖。为师至此，夫复何求！"

鉴于常用的《班级日记》记载过于笼统，而且都是班长一人记载，难免片面，我创建了一个小本，起名为"我的每一天"，人手一本，因为有些学生不敢当面和老师交流，我鼓励他们在这个小本上写下自己每天的所思、所想、所得，我承诺会保守秘密。这样我每天都能了解班级的真实情况，掌握学生的思想动态，便于发现问题及时抓，发现苗头及时疏导，能够防微杜渐。现在想来，这样的小本本应该也属于发朋友圈的一种方式吧。

回首看看曾经的学生，发现曾经所倚重的那些"葵花宝典""解题密码"，是多么荒诞可笑，若干年以后无不烟消云散，难觅踪迹。也许学生记得的是你的某一次狼狈经历、你的习惯性动作，或者是他生病时，你那关切的眼神和轻轻的问候。爱因斯坦说，当你把学校教给你的一切都忘掉之后，剩下的才是教育。真正的教育，不是僵硬的知识堆砌，而是精神的品格和思想的亮色。决定教育品质的，是那些情感、真诚、尊严和生命。这些会烙入学生的心灵深处，拨动年轻的心弦，让孩子的生命充满新鲜和热度，不管风吹浪打，永不褪色。永远要记得我们不仅教书，更要育人。

常有年轻教师问我,何以做班主任那么云淡风轻、优雅娴静?学生为何如此自律?班风怎会如此纯正?秘密在于真诚地关爱,真心换真心。"面朝黄土背朝天"式的"苦教"有时并不能让我们如愿以偿,在对教育真谛的追求中,我们需要不时地抬起头,仰望星空,才能找到职业的幸福。

| 质量·根本 |

恐惧和愉悦,是学生主动学习的两种根本情绪和动力。有人说"三分教书,七分管理",这话不无道理。要想大幅度提高教学质量,就要学会管理学生的这两种基本情绪。这里的"恐惧"不是害怕与担心,而是对学习的敬畏之心;"愉悦"则是学习给学生带来的成功与喜悦,充实与快乐,这需要我们做好每一位学生的思想工作,上好每一节课。

我清楚地认识到学情、班情、校情是英语教学的起点,为此,我精心设计每一堂课,精致编写每一份作业,精要安排每一次评价,努力促进学生学科素养的提升。通过坚持不懈的努力,我所教班级的中考英语平均分、优秀率都一直处在高位,并因此带动全校英语教学质量的大面积提高。

2001年,我接任初二(5)班班主任,这个班基础不太好,班风、学风都不够理想。通过观察,我发现有些孩子成绩不理想,不是因为智商低,而是学习习惯没有培养起来。他们总是得过且过,每天仅应付书面作业,不能及时复习巩固,导致遗忘率很高。我决定先从复习这个环节抓起,每天由学习委员负责落实协调，请各科课代表按照当天的学习情况布置复习作业，放学前组长负责检查。双休日将一周学习的重点知识进行小结，查漏补缺。这种连环式复习，改变了学生的学习习惯，提高了他们的学习成绩，学生变得愈加自信，学习风气很快得到了好转，并因此带动了班风的好转，我要操心的事也越来越少了。

一位内向的女生在《我的每一天》中写道："老师好辛苦，希望老师天天快乐！"还有一位男生这样写道："初一的时候'恨过'英语老师，因为她对我们太过严厉。初二的时候，慢慢地认识到英语老师的'刀子嘴豆腐心'，也因此慢慢地喜欢上了英语老师！"而我那泼辣能干的班长则写道："玲姐，你要保重身体。"经过师生的共同努力，那一届我班的中考英语均分达130分，远超过市均分（102分）。前不久有位学生在我朋友圈留言："我可能不是你心目中最好最喜欢的学生，可在我心目中，你是我最好最喜欢的老师！"

2008年中考，我任教的班级27名同学考取了江苏省兴化中学，作为一所乡村中学的普通班级来说，非常不容易，引起轰动。这也成了我校班级考取江苏省兴化中学人数最多的一次。还有2011届我班的各科均分总分名列兴化市第一名，有的同事戏称我班为"天下第一班"。

教学中，我总是回忆学生时代的我喜欢什么样的老师，尽量避免"不喜欢"的老师的那些缺点。基于学生的视角，思考他们的兴趣点在哪里，什么样的教学风格、学习方式、交流方式才能更受学生欢迎等。一切从学生的需求出发，才会生成多姿多彩的课堂，才会惊喜连连。

我鼓励学生犯错，目的是想让学生积极主动地参与学习，拥有自信。鉴于此，每次回答问题前，学生之间是可以小声交流的，他们的信心渐渐地提高了，一个、两个……终于越来越多的学生都能主动起来回答问题了。当有学生第一次站起来时，我会及时提醒其他同学给予鼓励。那些没有主动站起来的学生，我每天都用眼神鼓励，并在课下不断鼓动……终于，我的课堂变成了一个人人争着说、个个抢着答的活跃课堂。每逢学校里的对外交流活动，我们班是很多老师对外上公开课的首选班级，他们都认为在我们班上课更能出彩。

　　我一直认为英语课堂要向语文课堂学习，二者同为语言教学，都具有工具性和人文性的双重性质，两者之间有许多值得借鉴的做法和经验，千万不能把英语课堂理解成碎片化的知识点、语法点的堆砌，要学会解读文本，尤其是阅读教学。英语的阅读教学也是教师、学生、文本之间的对话过程，教师对文本的解读是否正确、是否深刻，直接影响着教学的效果和质量。因此教学设计之前，我会深入读文本：首先，以教师的感知为视角，思考文本最初打动我的地方是什么，文本最突出的亮点是什么。我们常说要想感动别人，先得感动自己。要想感动学生，首先得感动教师自己，这样才能促进师生共鸣，课堂圆润。其次，要以学生的体验为视角，思考对于文本学生能读懂什么，可能存在哪些阅读障碍。通过自己独特的阅读探究和个性化的情感体验，学生最终能就文本内容悟出自己的心得。再次，以编者的选材为视角，思考文本被选入教材的可能原因是什么，文本在单元体系、教材体系中的地位和功能是什么。最后，思考如何分层设计作业，让学生各取所需，这里的作业不是知识的重复，而是课堂的延伸，是在巩固所学的基础上，提出新的问题，进一步把触角深入到未知的领域里去，让学生拾级而上，享受智力挑战的乐趣，享受生命成长的快乐。

学生英语核心素养的形成还需要有其他教学举措。针对目前的英语教材主要以短篇文章为主，文章之间没有关联度，学生阅读主动性低且缺乏章法的问题，平时我会给学生补充一些文学作品，让学生沉浸其中，和故事里的人物一起成长。我常常选取学生感兴趣、贴近学生思维及语言水平的，同时又能体现积极的人生态度和价值观念的优秀文学作品，如《典范英语》、"书虫"系列、《秘密花园》、《小王子》等。文学阅读的实践意义在于帮助学生学会阅读，养成良好的阅读习惯，成为真正的阅读者，开阔学生的视野，提升学生的阅读素养、人文素养，促进了学生阅读、写作能力的提升。

另外，英文电影具有引人入胜的情节、地道的语言、优美的画面及音乐，是语言、文化和艺术完美结合的极好的学习材料。我会选取一些通俗易懂、发音清晰、语速适中的原版电影，所选的电影内容也是有教育意义和深刻文化内涵的，让学生欣赏，甚至学习配音。如《狮子王》《冰雪奇缘》《花木兰》《疯狂动物城》等。

课堂教学要教给学生有价值、有意义的东西，尤其要注重思维训练和素养提升，达到培养全面发展的人这一终极目标。对学生而言，这些知识才是有用的、鲜活的、有趣的，对学生的终身发展有益。人们常说：教育既是科学，也是艺术。既然是科学，就得有理性，就要培养学生逻辑推理能力、批判和创新能力；教育是艺术，就要提高学生感悟鉴赏美的能力。理想的课堂，就是要实现"感性"和"理性"沟通，"艺术"与"科学"

匹配，让学生最初在形象感染中陶醉，最终又在逻辑推理、批判创新中清醒。这样的课堂生成过程，才是教育的本意所在，也是人的成长意义所在。

| 教研·行走 |

公开课、赛课是教师成长的快速通道，不要轻易拒绝领导、专家的听课，也许一节课就能改变一位教师，一节课就是成功的开始。

有一次，市教研室领导到学校调研，要听一节英语课，校长点了我的名，然后打电话给我，但我竟然一口回绝了，这种推门听课得有多大的胆量，那时的我啥也不是。争执了许久，最后校长怒道："不要再多说了，人家已经到你班级了。"吓得我连忙冲进教室。真的，领导已经坐在教室后面了。怎么办？只好硬着头皮上，大脑里快速地过了一下教案，提醒自己本课的教学目标和教学过程。下课后，我忐忑不安地准备接受批评，没想到领导说要谢谢我，说这一节课给了他希望，让他感觉我们地区的英语教学改革之路可以继续走下去。

没多久，他就带领全市所有的初中英语老师来听我的课。从那以后，我终于走进了名师工作室，后来有幸结识了泰州市教育局教研室英语教研员蒋静老师、兴化市教师发展中心英语教研员李莉老师，从她们身上我学到了很多：如何做人，如何做事，如何上好一节课，如何做教育科研。慢慢地，我参加各种赛课、做课题研究，再到写论文，在核心期刊发表论文等。现在想来，如果我当初不坚持走专业成长之路，仅仅就课上课的话，怎么会有后来的发展和提升？我还想说，不要害怕参加教科研活动，要亲近教科研。

"工欲善其事，必先利其器。"从教师到名师无一不经历了艰难曲折的教科研之路。刚入职的时候，我不懂教科研，对教科研的理解仅局限于教育教学理论知识学习。经常参加各级各类教科研活动之后，我逐渐意识到，每一次听课、评课的过程其实也是教科研。教科研并不只是专家大咖们的事情，每位教师在自己的教育教学工作中不断反思和学习的过程也是教科研，每一次备课、每一篇教学反思都是教科研。

于是，我再度审视我的教育教学工作，努力从被动参加教科研转为主动走进教科研，认真学习各种前沿理论知识及实践案例，尝试将其运用在自己的教育教学工作中，反思自己的教学存在的问题。刚开始时，我偶尔也会有写文章的冲动，可是开了头却无法往下进行，总有"书到用时方恨少"的感觉，我发现自己缺乏教学理论的支撑，再加上平时素材积累上有所欠缺，于是我重新阅读了一些有关教育教学的著作。我逐渐认识到，以前认为空洞无趣的教育理论一旦与实际教学相结合，就变得丰盈起来了。就这样，我渐渐地积累了不少教育实践的智慧。再加上平时教学中，我有意识地积累教学案例和勤写反思笔记，记录下任何的灵光乍现，这使我的论文写作变得轻松自如了。

渐渐地，我越来越喜爱参加各级各类的教研活动，并多次获得了省、市级赛课奖项：2005年获江苏省基础教育改革教研优质课一等奖，2016年获得了江苏省教学设计二等奖，2017年参加"一师一优课、一课一名师"省优课，2019年荣获泰州市优质课评比一等奖。

我还多次执教市级英语示范课、公开课、送教下乡示范课等，作专题讲座，积极发挥骨干教师的示范作用，受到了听课领导和同行的高度评价。据不完全统计，任现职以来，我开设公开课、示范课 45 节，讲座 20 次。2013 年、2016 年我还承担了泰州市中考英语命题，兴化市教师教育教学能力测试命题，兴化市初中英语期中、期末调研测试命题等。这些活动，锻炼了我的教研能力，提升了我的专业水平，也为我的专业发展积累了丰富的经验，打下了坚实的基础。

在深入开展教学研究的过程中，我收获了很多新的认知。教科研并不是闭门造车，研究话题和内容其实一直和我们日常教育教学工作息息相关。提出问题往往比解决问题更重要，因为解决问题可能依靠数字或技能就可以了，而提出问题则需要发现和创造的能力。因此，我们要学会练就一双发现日常教育教学问题的慧眼，需要我们从平时的教育教学问题出发，在实践中研究并解决问题。要学会不断探索教育教学规律，总结教育教学经验，潜心教学科学研究。

对于研究问题的挖掘，我们可以从多个方面展开。比如在培训反思中发现问题，丰富的教研活动为我们提供了优质的教学资源，在研训活动中，我们可以通过学习他人的教学，反思自己的教学过程和教学行为，从而发现问题。再如，在教学实践中发现问题，为什么同在一个课堂，不同学生对知识接受的程度差异较大？如何进行教学设计才能调动和引导学生的思维发展？这些都是我们在日常教学中面临的问题，每一个细枝末节都可以作为研究的切入点。另外，从国家政策层面、社会关注的难点热点等方面也可以挖掘一些我们能够开展的研究问题。

除一般的听课、评课、听讲座并交流体会等活动方式外，教师需要对某一课型开展系统的研究。这种系统而又专门的研究，才能为论文写作提供素材。

我发表于核心期刊的第一篇论文便是这样来的。当时我手上有一个省规划的课题，研究过程中感觉自己已经快做不下去了，不知道这条路该往哪里走，不知道方向在哪里。正好有一次，我组织初中英语培育站的老师到常州学习。常州兰陵中学是省级英语课程基地，他们开设了各种英语活动，有英文电影欣赏、英语舞台剧表演、英语配音等。参观的过程中，我就觉得眼前一亮，明白自己接下来该怎么做了。回来以后，我就把这些想法落实在行动中，先后开设了多次教学研讨活动，终于明确了研究的思路和方向，然后就落实到文字上。两个月以后，我接到华东师范大学杂志编辑部的电话，说文章准备发表了，当时的我内心一阵狂喜，顿时发觉自己爱上了写论文。趁着狂喜的春风，又写了两篇，感谢上天眷顾，两篇又全中了。其中有一篇被北京师范大学《中小学外语教学》选登出来，这个期刊是我们英语基础教育最权威的期刊。刚开始接到北京师范大学杂志编辑部的邮件，以为是骗子，里面一般都是些殿堂级的大咖发表的文章，再加上现在论文发表的水太深，轻易不敢相信的。后来人家又来电话确认了，我这才相信。但这篇文章发表的过程太艰辛了，先后改了一个月的时间，那一个月可以用"呕心沥血"来形容，也深切地体会到了古人说的"两句三年得，一吟双泪流"的艰辛。回首这个历程，现在想来是满满的幸福。真的发自内心感谢那些编辑，感谢他们每一个精准、细致的意见，修改文章的过程就是一个学习的过程，也是一个正规的、严谨的论文写作培训。

长期任教乡村中学的经历，让我认识到英语课外阅读对乡村孩子意义非凡，传统的学科课程不能照顾到学生的需要、兴趣和个性，我们要注重营造良好的学习环境与氛围，培养学生的学习自信心。我在学校组织成立了英语剧社，旨在转变学生的学习方式，构建学生自我展示的空间平台。以此为主题的课题"农村初中英语剧社活动课程开发研究"获江苏省"十二五"规划课题立项。研究中，我注意将科研课题立足乡村学校实际，解决乡村英语教学实际问题，将教科研成果转化运用、推广，来有效提升教学质量。研究期间有两篇课题论文发表在核心期刊、一篇被人大复印报刊资料《中学外语教与学》全文转载、八篇论文发表于省级期刊，研究成果荣获泰州市课程开发教学成果一等奖。

2019年，我被评为正高级教师；2021年，被评为江苏省特级教师。这是我的新起点，我更加认真聆听、学习、思考，我明白了教育的核心是获得幸福，教师的心中要装得下成长的快乐。我更清楚地知道新的荣耀不在所来之处，而在于前往之地。

职业生涯有三种境界：满足生存，发展事业，追求价值。生存于我们而言，不是问题，我们需要的是发展事业、追求价值。学习，思考，实践，则是教师专业成长的必由之路。

｜ 引领·接力 ｜

人们常说：一个人可以走得很快，一群人可以走得很远。

什么叫团队？我们把它拆开来理解一下：团字由"口"+"才"组成，分开理解就是一个有口才（能说会道有能力）的人；再来看看队字，由"阝"+"人"组成，即可理解为有耳朵的（听话的）人，综合理解就是团队＝一个有能力的人带领一群善于倾听学习的人。

2013年起，我担任兴化市初中英语名师工作室领衔人；2017—2019年，我担任江苏省乡村骨干教师培育站主持人、导师；2021年起，我担任泰州市初中英语名师工作室领衔人；2023年起，我担任泰州市乡村教育学科带头人培育站主持人。我以英语课堂教学改革为先导，引领全市英语教师专业成长。我建立"赵美玲名师工作室"微信公众号，目前已推送原创图文200多篇，工作室的影响辐射力越来越大。

我们坚持理论与实践相结合，联合专家、一线教师组成研、教、学三方学习共同体，带领研究团队调研分析初中英语教、学、研的现状，开展初中英语课堂教学诊治的实践研究，以课堂教学为抓手，以日常教学问题为切入点，以具体教学内容为载体，沉浸到课堂中，认真观察，系统地诊断初中英语教学中的实际问题，明确改进策略，探讨课堂教学评价机制的改革，深入进行英语课程改革和课堂教学研究，探索提升学生英语学科核心素养的课堂教学新范式，创新从专家理念到教师课堂实践的新型通道。

我们依据课堂教学实践研究，解决英语课堂教学中的本质性问题，优化英语课堂教学评价机制，构建基于三大主题语境的系列教学资源库。通过创造良好的教研生态，创建教、学、研一体的教研团队，为青年教师的专业发展提供一个成长平台，在实践中不断增强自己的课程理解力、设计力和实施力。

我们以开放的心态开展工作，运行过程中借鉴互联网的平台思维，打造一个互利共赢的生态圈。工作室之间、工作室和学校之间加强合作，实现资源共享。

基于学科建设，我们以研究的方式开展工作，克服盲目的、无意识的研讨活动，将研究意识渗透到日常的教育教学工作中，将教育教学工作中的问题课题化；在研究的状态下工作，构建以课堂或问题为中心的工作室活动模式，从做身边的研究开始，提升研究能力。通过课题研究把工作室构建成学习型的研究共同体，集体研究的过程就是一个集体行动研究的过程，这也非常符合名师工作室的理念。

持之以恒地指向课堂，对学科教学进行研究自然是工作室的工作核心，这是工作室最为主要的也是历时最长的一项研究活动。工作室的所有研究都指向课堂，让教科研与课堂紧密地结合起来。我们经常反思：这样的研究成果可以进入课堂教学吗？可以在上课时进行具体的操作吗？因为只有能够进入课堂实践的成果，才能真正地对学生的发展起到促进作用。

在全体成员的共同努力下，工作室连续多次被评为"优秀"等级。通过多模态的教学研讨活动，团队里的青年教师专业发展提升很快，取得了让人欣喜的进步。刘红梅老师被评为泰州市特级教师，葛小敏老师荣获江苏省优质课二等奖，范美香老师、储彩丽老师荣获江苏省青年教师基本功大赛二等奖、泰州市优质课一等奖，还有五名老师获得兴化市优质课一等奖。团队共承担七项省市级课题研究，成员人均每年发表一篇论文。目前所有成员都获得了市级骨干教师称号。看到青年教师的成长与进步，我内心的喜悦非同寻常，我也有了更多的信心和力量。

如果说教育是一首诗、一支歌、一幅画，那么爱岗敬业、无私奉献就是教师的责任与担当，就是我心中永远的风景！

附 录

一、专业成长部分成果

（1）2005年10月，获江苏省基础课程改革教研优质课一等奖。

（2）2012年迄今，在《中小学英语教学与研究》《中小学外语教学》《中学外语教与学》（人大复印报刊资料）、《教育世界》《英语教师》等专业杂志上发表论文30余篇。

（3）2006年迄今，主持省、市各类课题研究八项。

（4）2015年9月，获第九届全国中小学外语教师园丁奖。

（5）2021年9月，被评为江苏省中学英语特级教师。

（6）2019年11月，被评为江苏省中小学正高级教师。

（7）2018年10月，参与编写《泰微课》。

（8）2020年12月，获江苏省泰州市教学成果一等奖。

（9）2021年10月，获江苏省教学研究成果二等奖。

二、媒体专访

主张协商教学，张扬学生个性

[《初中生世界》2007 年第 20 期封二人物介绍（摘录），
作者:《初中生世界》编辑部]

赵美玲，兴化市戴泽初级中学英语教师，中学高级教师。泰州市省特级教师后备人才、泰州市第二批卓越教师培养对象、泰州市初中英语学科带头人，兴化市初中英语名师工作室领衔人，先后荣获"第九届全国中小学外语教师园丁奖""泰州市师德模范""兴化市名教师"等荣誉称号。多次荣获省、市级赛课大奖，两次参加泰州市初中英语中考命题，有 20 多篇论文发表，先后主持三项省、市级课题研究。

赵美玲崇尚以人格和学识魅力育人，主张协商教学，张扬学生个性，培养学生良好的智力品质和心理品质。注重教学改革和创新，以创新教学设计为中心，遵循英语规律，尊重学生自主性，以丰富多样的课堂活动激发学生积极性。致力于通过东西方文化比较，培养学生多元文化意识，在英语语言实践中传播本土文化。她目前正主持江苏省教育科学立项课题"农村初中英语剧社活动课程开发研究"，已编印《初中英文经典诵读研究》校本教材。

三、影响专业成长的 10 本书

（1）佐藤学:《静悄悄的革命》，教育科学出版社，2014 年版。
（2）葛文山:《做最好的英语老师》，福建教育出版社，2013 年版。

(3) 韦恩·C·布斯等:《研究是一门艺术（第4版）》，新华出版社，2021年版。

(4) 葛炳芳:"中学英语教师阅读教学研究丛书"，浙江大学出版社，2013年版。

(5) 许渊冲:《许渊冲译唐宋词一百首》，中译出版社，2021年版。

(6) 路易丝·卡茨:《批判性思维与说服性写作》，新华出版社，2021年版。

(7) 冯友兰:《中国哲学史》(上下)，华东师范大学出版社，2000年版。

(8) 朱光潜:《美是一生的修行》，北京联合出版公司，2015年版。

(9) 林语堂:《苏东坡传》，湖南文艺出版社，2016年版。

(10) 岳南:《南渡北归》，湖南文艺出版社，2011年版。

四、问答

问1：闲暇时，教师可以看哪些短视频？

答：观看一些名师教学片段，了解一些名家观点，从他们的教育教学课堂或者观点中汲取经验，获得启发，改进自己的教育教学方式。偶尔也可以刷一刷搞笑类短视频，让身心得到放松，心情愉悦，是调节工作压力的一大法宝。

问2：书也看了不少，但文章往往写了个开头就写不下去了，怎么办？

答：要明白读完不是目的，吸收才是目的。写作的内核是思考水平，有积累才会有思考。读书要有规划，持续性读书才能充实自己。要选优秀的书籍和好文，好东西才能给予我们成长的养分。随时积累，让阅读和生活成为素材之源，读过的书、遇到的人、到过的课堂都能成为写作的素材。

问3：教师阅读如何平衡"精"和"博"？

答： 在自己的专业领域上，老师必须深耕，多阅读本专业的书，才会有深厚的教学"功力"，做一位专业素质过硬的老师。随着教育理念的更新，跨学科学习、项目式学习等学习形式的出现，课堂涉及的范围也越来越广，教师得广泛涉猎，拓宽自身的知识面，做一位见多识广的老师。

问4：遇到不听话的学生怎么办？

答： 学生成长过程中出现各种状况都是正常的，不能只用"乖"和"听话"来衡量学生，把学生成长的过程看成磨砺自己的过程，将"育人"转化为"育己"。向有经验的老师讨教，你会发现每一位老师都有自己的难题与困境。正视问题，心态平和，处事淡定。切记师生关系是所有问题的最后一道防线，教师无论如何不要主动激化师生矛盾。

问5：教师工作累且压力山大，如何修炼出强大的内心？

答： 能保持良好的心理健康状态，在学生面前能管理自己的情绪，在教学中始终保持头脑冷静。正确看待教师这份职业，拥有积极的认知，不断地提升自我、完善自我，找到独属于自己的那一份成就感。

问6：如何在疲累的工作中保持活力？

答： 千万别拖拉，事情一来赶紧做，时间先紧着用，再松着用。成全自己，修养身心，生活中能有一两件顺心事就是小确幸，学会心怀感恩。

问7：如何看待当前的过度"磨课"？

答： 教学需要技术，但教学更是一门艺术，一节好课可以借助他人的思想和方法，但真正的智慧在于阅读、积累和感悟，需要独自坐冷板凳，闭关思考。对新手教师而言，"磨课"必不可少，对公开展示来说，"磨课"更有其作用。但凡事都要适可而止，过度"磨课"，有时可能会事与愿违。

问8：如何使家校沟通更为顺畅？

答： 首先，要关注每一个学生，了解他们，让家长感觉到教师对自己孩子的重视。其次，基于"急家长所急，想家长所想"的立场沟通，当家长感受到老师和他们的目的一致，也是在关心孩子成长时，沟通将会趋于简单、顺畅。

问9：如何让学生喜欢上你的课？

答： 教师穿着要大方得体，清爽干练，语言幽默深刻。教师要更新教育观念，加强学习，提高业务水平，上好课，这样才能征服学生。和谐的师生关系离不开爱、尊重和真诚。教师的个人魅力是一种无形的教育资源，会对学生形成潜移默化的影响，慢慢能赢得学生的信赖。

问10：课题研究的选题来自哪里？

答： 基于时代背景，要了解教育大时代发展趋势以及一些教育热点、难点问题；基于日常教学中的现实困惑，课题研究应扎根在正式的课堂教学中；基于当地的地域特色和学校文化特色，让课题研究成为学校文化的组成部分。

黄群卷

寄语年轻教育同仁：

选择了教师这一职业，我们不应只把它看作一种谋生手段，更应看作一种生活方式、一种精神追求。当我们用爱与智慧把属于我们的这片园地管理得"天清气朗"的时候，我们的学生就能在这片园地里自由地呼吸，欢快地奔跑，茁壮地成长。我们，挥洒了汗水的园丁，一定会体验到成长的欢愉和超越的喜悦，收获精彩的教育人生。

黄群

正高级教师，江苏省高中英语特级教师，现任江苏省泰州中学督导委员会委员。曾获"泰州市有突出贡献的中青年专家""泰州市名教师""泰州市师德模范""全国优秀英语教师"等荣誉称号。开设省、市级范围专题讲座、公开课30多次，多年担任泰州市高中英语智囊团成员。发表论文30多篇，其中5篇发表于国家级核心期刊《中小学外语教学》和《中小学英语教学与研究》等，主持或作为核心成员参加了6项国家级、省级课题研究。

聆听生命拔节的声响

记得很多年前,《中国教育报》有一篇文章向教师提出了这样三个问题:你是否能在教师生命活动构成的每一节课中得到生命创造的满足?你是否能发现与学生共同成长的欢愉?你是否感觉到日常工作对自己的智慧与人格的挑战?那时的我还是一位稚嫩的青年教师,对这三个问题的认识很肤浅。今天,历经40多年教师生涯的浸润,体验了为人师者的千滋百味后,再问自己这三个问题,我的回答很坚定:"是的。"

| 敬畏·人格 |

随着社会的发展,社会对教师这一职业的要求越来越高。从大的方面讲,某种意义上,教师承载着民族振兴的责任。从小处讲,现在不少学生都是独生子女,教师承载着一个家庭未来的希望。时代的变革要求教育的终极目的不再是知识存储地点的简单转移,而是要将知识转化为智慧,使文明积淀成人格。教师真正的使命是培养学生健全的人格,为学生未来的发展奠定基础。我曾读到奥地利教育哲学家马丁·布贝尔的一段话:"教师只能以他的整个人、以他的全部自发性才足以对学生的整个人产生真实的影响。"这段话引发了我的思考。我从中悟出：教师的使命要求我们对这一职业怀有高度的敬畏感，同时应努力把所要培养的学生的人格作为我们自身人格的发展目标。自1982年工作至今，我在三尺讲台一站就是40多年，斗转星移，我越来越对这一职业怀有敬畏之心，并带着这种敬畏走进课堂，走进学生的心灵，努力身体力行，以自身的人格魅力影响着我的学生，同时也塑造着我自己的人格。

学校所有教育教学活动中，课堂是学生学习新知识、获得新技能、开启新思维的主阵地。教师若怀着对课堂的敬畏走进教室，并用这种敬畏唤醒学生对课堂的敬畏，高效课堂就近在咫尺了。这么多年来，我做到了四个保持。

（1）5分钟候课习惯的保持。每当上一节课下课铃响起，我准时起身离开办公室，提前5分钟站在教室外的走廊上或教室的讲台前，观察着今天学生们的精神状态，关注着是否有个别学生身体不适或情绪低落，是否需要给予关心。老师的从容、平静、守时也影响着学生，上课铃一响，学生都已作好了上课的心理准备。

（2）课堂饱满精神状态的保持。不管是身体不适还是遇到生活中的不快，我一走进课堂总是努力保持饱满的精神状态。有一个学年，我担任高三两个重点班的英语教学以及其中一个班的班主任，同时还担任教务处副主任。在备课、上课、批改作业、找学生谈心、开展教师课堂教学竞赛活动等沉重的工作负荷下，我常不得不备课到深夜，白天累得站不起来。但每当我一走进课堂，"课堂的神圣感和使命感"油然而生，我立刻忘却了身体的不适，精神抖擞地出现在学生面前，像换了个人似的。

（3）早读课不迟到习惯的保持。多年来，冬天的早晨离家时，天常常还未亮。但无论酷暑还是严冬，我都努力做到早读课不迟到，我的学生也几乎无人迟到。他们知道，他们的老师一定会提前在教室里微笑着等着他们。

（4）不带手机进教室习惯的保持。有手机以来，无论是早读、晚自修还是自修值班，我从未在教室走廊接听或打过一个电话，更别提课堂上了。每接手一个班级，我都与学生分享这样的认识：课堂是教师和学生教与学活动中最珍贵的时空。在我看来，对教师而言，在学校里，没有什么比课堂更重要的事了，因此我常年戴着手表掌握时间。

我对课堂的敬畏也影响着我的学生，他们说上我的课不懈怠，总是精神饱满，思维活跃，乐于跟老师一起体验收获和创造的快乐。

我曾跟学生分享过我在上海格致中学一节语文课上听到的柏拉图的故事。开学第一天，苏格拉底对学生们说："今天咱们只做一件事，每个人尽量把膀臂往前甩，然后再往后甩。"说着，他做了一遍示范。"从今天开始，每天做300下，大家能做到吗？"学生们都笑了，这么简单的事，谁做不到？他们可都是不远千里来向这位大学问家求学的。可是一年之后，苏格拉底再问的时候，只有一个人坚持下来了，这个人就是伟大的哲学家柏拉图。

教师要致力于塑造学生的美好品德，就必须先净化自己的灵魂。教师是学生精神引路人、品行示范者。只有先正己身，我们的言教才能理直气壮，也只有先正己身，我们的身教才能润物无声。试想一下，如果班会课上老师言之凿凿，要求学生不要随地吐痰，而在上课过程中，讲到兴起，走到教室门外随地大吐一口，那将产生怎样的影响？

苏联教育家马卡连柯曾说："爱是一种伟大的感情，它总在创造奇迹，创造新人。唯有爱，教师才会用伯乐的眼光去发现学生的闪光点，才会把辛苦的教育工作当作乐趣来从事，它能使教师感觉到每个儿童的喜悦和苦恼都在敲打他的心，引起他的思考、关怀和担心。"对于学习或心理遇到障碍的学生，我总是给予更多的关爱，努力挖掘他们身上的闪光点，以寻找教育的着力点。

记得那是2012年，我担任高三理化重点班的教学，班上一位陈姓学生，作业屡屡不能完成，这在重点班很少见。我几次找他谈心，他要么一声不吭，要么很抵触地说不想上学了。一时我很难打开他的心扉。于是我与他的家长取得联系，得知他原是从普通班升到重点班的，学习很努力，但成绩总是处于班级末位，数次考试的失利使孩子一蹶不振，心理压力特别大，夜里常失眠，精神几近崩溃边缘。一米八个头的他在家里几次躺在地上打滚哭闹，三天两头把碗盘、热水瓶摔得粉碎，家长已束手无策。我还了解到他的母亲曾因一次事故变得痴呆过。若孩子长此以往，后果将不堪设想。我多方收集信息，经过精心备课，决定从他喜爱看书、孝顺爷爷奶奶入手，打开心理通道。我一方面对他进行疏导减压；另一方面帮助他调整学习目标，制订合理的学习计划，改进学习方法。渐渐地，他从过度压力中走出来了，睡眠趋于正常，精神状态开始好转，成绩也稳步上升，高考以优异成绩考上了一所著名军校。一份爱心、一份关怀，燃起一个孩子的希望，也燃起一个家庭的希望。

　　对于学生犯错，我不是用教师的权威去压制他们，而是真正走进学生内心深处，把问题演化为真正的教育。在一次全年级篮球比赛中，我班篮球队在队长的带领下刻苦训练，几轮比赛下来夺冠呼声很高。可是决赛的最后一球，裁判老师认为虽然进了但超时，结果以2分之差与冠军失之交臂。球队队长认为裁判不公平，比赛结束离场时，有意用胳膊使劲顶了一下裁判老师，老师疼痛的眼神被我看在眼里，当时我什么也没说。站在学生的角度，我能想象他那时的心情，为比赛他付出太多心血，那一刻，我说什么都很难产生教育效果。当天晚上，我微笑着给了他一份两天前的《泰州晚报》，让他看完指定版面后还给我。第二天一早，孩子找到我，羞愧地说他错了。报纸上《给宝宝洗澡水较烫，老母被儿子扇耳光》一文触动了他。他明白一个道理：人都有可能犯错，但不能以错纠错，儿子不能那样对待母亲，学生不能那样对待老师，更何况裁判老师未必有错。后来裁判老师告诉我这个孩子主动去道歉了。没有训斥，没有道德评判，平等的交流和机智的引导，收到了良好的教育效果。

　　多年的教育教学实践告诉我：教师做出了率真的榜样，学生就学会了诚实；教师善于谅解，学生就学会了宽容；教师用爱围绕学生，学生就学会了理解真爱；教师做到了坚持，学生就学会了不半途而废；教师充满进取的意志，学生就会顽强地学习、生活。要成长为优秀教师，我们不仅应具有渊博的学识、聪明的才智，更应具有仁爱的心灵和通达的性情。正如教育家陶行知先生所言：先生创造了学生，学生也创造了先生。先生、学生合作而创造出值得彼此崇拜之活人。

| 学习·能量 |

新课程改革背景下,理想教师的形象首先应该是能主动追求发展的教师,他不会满足于现有成就,而是主动学习,更新教育理念,切实改变教育教学行为,反思自身的改革实践,逐渐练就适应教学改革的本领;其次应该是能主动追求教育智慧,积累和汲取更多教学机智的教师;再次应该是能主动追求鲜明教学个性和风格的教师。这一切的实现,唯有向书本学习,向他人学习,向世界学习,别无他法。

一位教师成功的成长史就是他的读书史。好教师的知识结构应当由三部分组成:精深的专业知识、开阔的人文视野和深厚的教育理论功底。作为一名高中英语教师,我越来越意识到仅靠大学里所学的那点儿英语语言知识是远远不够的。一方面,英语语言不是僵死的,而是不断发展变化的;另一方面,陈旧的语言知识和残缺的知识结构制约着我们的文本解读能力、教学设计能力、语言表达能力和课堂应变能力。随着课程改革的深入,教材编写体系发生了巨大的变化,留出了许多供教师发挥的空间,教师若不及时更新知识结构、丰富知识和能力储备,就难以适应新课改对教师的要求。

北京外国语大学吴一安教授通过对优秀英语教师的研究发现:教师素养是教学能力的基础,而英语专业知识和英语语言能力是教师素养的两个基本要素。为了弥补语言知识和能力的不足,我长期订阅英文报纸《中国日报》(*China Daily*),看原版电影,读英语文学作品,看英美国家报刊和网络文章,接触最新、最真实的英语,开阔视野,更新语言,丰富知识储备。高中英语教材题材广泛，涉及科技、文学、艺术、医学、环保等多个领域，教师只有对相关话题有较为完整的知识和深入的理解才具有讲授教材的能力。因此，我在阅读材料选择时关注了题材的多样化，英美国家的历史、地理、文化乃至宗教等都是我非常感兴趣的话题。

为了提高自身的阅读能力，我还选择了语篇分析、体裁知识、英语修辞、阅读心理学等方面的书籍。如 *Critical Reading, Critical Thinking* (Pirozzi, R)，*Stages of Reading Development* (Chall, J.S.)，《文本特征与阅读理解》（Mary Lee Field），《语篇的衔接与连贯》（胡壮麟），《语篇分析概要》（黄国文），《英语修辞入门》（吴慧坚）等。

如果说课堂是教师的根，教学理念则是教师的魂。教学理念如何形成？一靠实践中提炼，二靠阅读积淀与扬弃。教师的阅读视野，直接决定了其理论高度与厚度。为了提升自己的学科教学理论水平，我自上世纪90年代末开始订阅《中小学外语教学》杂志，至今已有20多年，这些杂志一直保存至今。随着对教学研究的兴趣越来越浓厚，我又订阅了《中小学英语教学与研究》《基础英语教育》《英语教师》。每逢去北京、上海出差，我必逛教育书店，密切关注英语教学研究的前沿和最新动态，认真研读第二语言教学理论及教育心理学书籍，努力探索高效课堂教学模式。如：《有效教学方法》（加里·D·鲍里奇），《教学模式》（玛丽·艾丽斯·冈特等），《英语测试论》（高兰生、陈辉岳），《英语学习论》（胡春洞）等。这些书籍，我有些是整本书阅读，有些是选择部分阅读，有些是一次性阅读，也有些是反复查阅相关章节咀嚼、领会。

除了学科专业书籍外，我还阅读了上世纪三四十年代作家张爱玲、凌淑华、徐志摩等的作品，现当代作家巴金、张洁、池莉、陈忠实等的作品，外国作家毛姆、卢梭、罗素、梭罗等的作品，还阅读了金庸、古龙等的武侠小说。我有摘录和剪报的习惯，从大学一直保持至今，现在多半是截屏，内容包括优美的语言、励志箴言、人生智慧以及哲学随思等。

读书不仅仅要读，更重要的是要思。英国著名经济学家凯恩斯在《成功的潜质》中有一段话："杰文斯看见水壶开了，高兴得像孩子似的叫起来；瓦特也看见水壶开了，却悄悄地坐下来，造了一部蒸汽机。"这段话形象地告诉我们，没有思考的阅读是低效的。为了提高阅读兴趣和思考能力，我积极参加学校组织的"读书沙龙""我喜欢的一本书"等活动，有时与爱读书的同事或朋友相约同读一本书，交流阅读体会。不同知识背景和解读角度会使文本理解大相径庭，而理解的差异使认识更趋于立体化，让思想走向深刻，避免了低效阅读。

"文章是案头之山水，山水是地上之文章"，我也非常推崇清代文人张潮对实践自然的这个论述。我曾游历大西北，体验大漠孤烟直的辽阔，去海南天涯海角体验海天一线的浩瀚，惊诧于数百年前西南古城丽江建立的水系统文明，感受青海湖的蓝色之美和张掖丹霞地貌的色彩斑斓，也曾瞻仰过美国大都会博物馆馆藏的埃及木乃伊，参加了为期九天的澳大利亚广袤的北方地区帐篷之旅，领略了土著人的圣山（Ayers Rock）的光影神奇。阅读与行走，拓宽了我的眼界，开阔了我的胸襟，丰盈了我的心灵，使我对人生和世界有了更多元的认识，也使我在教育教学中多了一份理解、包容和智慧。

在我看来，学习不能只沉溺于书本，还应该抓住每一个向名家、名师学习的机会。听名家讲学，我深深地被他们先进的教育思想、丰厚的学识和清晰的思路折服，也真切地体悟到他们浓浓的教育情怀。此外，也应向校内外同行学习。每每有外出听课的机会，我都踊跃参加，应邀担任评课专家或各级各类教学竞赛评委，让我有了更多的学习机会。不管是精心打磨的精品课，还是本组老师每周开设的常规组内研讨课，每次听课我都会认真做课堂观察，尽量不错过教者说的每一句话，观察教者用怎样的方法和语言帮助学生突破思维瓶颈，常常收获颇多。本组老师要完成相同的教学任务，必然会遇到相似的问题，每个老师有自己的专长和独特的经验，因此向本组老师学习很有意义。记得有一次，有一个问题正困扰着我，苦于找不到一个好的设问方法，适逢听一位年轻老师开课，当时我一听就觉得她问得很巧妙。虽然只是一句话，我立刻豁然开朗。担任教务处副主任后，我还听了不少其他学科老师的课，也很受启发，尤其是语文老师开设的阅读课，每次听后我都会反省，同是语言课，我的阅读课有哪些不足。

学习是辛苦的，但又是甜蜜的。学习为我打下坚实的专业基础，解除了我教学实践中的困惑，更为我打开了一个更广阔的世界。我之所以有所成长和进步，是学习为我的成长源源不断地输送了能量。

| 反思·智慧 |

在从教 20 多年的时候，我已成长为学生和家长眼中的好老师，连续几年担任高三重点班教学，高考成绩突出，还承担了学校教务处副主任工作。不过当时的我仍然是一名经验型教师，我的经验是多年教学实践中自己悟出来的教学机智，有一定的价值，但繁重的教学工作使我对现代语言教学理论一知半解，我的教学研究处于浅层和随意状态，因此这些经验零散、肤浅，缺乏理性思考。我的课堂教学也由于缺少新鲜血液的输入，鲜有突破和创新，与智慧课堂相距甚远。那时我写的论文亦多半是经验总结型，缺乏理论支撑和理性思辨。美国心理学家波斯纳曾说：没有反思的经验是狭隘的经验，至多只能形成肤浅的知识。如果教师仅仅满足于获得经验而不对经验进行深入思考，那么他的发展将大受限制。我正处于专业发展的瓶颈期，每天像黄牛耕地、驴拉磨盘一样，不断重复着"昨天的故事"。

我已不再满足于周而复始近乎机械操作式的教学工作，渴望成为研究型教师。就在这一时期发生了一件不大不小的事。那是2007年年末的一天，我打开信箱，发现有一封学校写给我的信。当时很好奇，学校为什么要写信给我？打开一看，原来是教研处代表学校用信件的方式告知我：作为校首批学科带头人，我未能按照要求完成当年考核任务。具体说来，其中撰写论文那一项我未达标。虽然那一年我的教学负荷特别重，有些不堪重负，但看到信后我仍觉得很难为情。记忆中，工作20多年我从未出现过被学校考核不合格的事情。一方面，我很感激学校选择这种智慧的方式，避免了当事人的尴尬；另一方面，我暗自下决心，今后不管有多少困难，一定完成规定任务。这封信给我带来了压力，也成为我从经验型教师走向研究型教师的助推器，是我专业发展的一个重要转折点。

起初，我发现要把经验提炼成有质量的科研论文并非易事，自己头脑里清清楚楚，做法也实实在在，教学效果也令人满意，但落笔就成了流水账。我向专家请教，他们告诉我首先应成为反思型教师。日本有位一流的剑客宫本武藏曾说："要当一流的剑客，就必须永远留一只眼睛注视自己，不断地反省自己。"教之道亦如剑之道。反思意味着我要以自己的教学活动过程为思考对象，对自己的课堂决策、课堂行为以及由此产生的结果进行审视与分析。反思绝非教学经验的简单总结，而要基于对整个教学过程的监视、分析，去解决存在的问题。其次应有目的、有计划、有针对性地研读新的教育教学理论，汲取对自己有用的观点和创造性的见解，再运用到实践中，去解决教学实际问题，再产生新的认识。这些新的认识经过思想的锤炼，得到提升后才能最终形成论文。

自2008年起，我慢慢养成了每节课后进行"追问"的习惯，即对自己每节课的教学行为从教学理念层面和行为操作层面进行反思。刚开始我的反思多半在行为操作层面，常问自己：(1) 这节课的教学起点是否符合学情？(2) 学生从这节课的各个教学环节中收获了什么？(3) 这节课的教学设计和实际讲授需要哪些改进？(4) 每位学生的收益是否都达到最大化？(5) 学生是否仅仅停留在某个知识点的掌握，还是思维层次得到了提升？教学实践中，有人对微观教学设计和教学细节处理不屑一顾，认为这些是雕虫小技，而热衷于对理念的诠释，我不太赞同这一认识。观照一下名师们的成长轨迹，不难发现微观设计见功力，正是名师们对一些细节问题的敏感捕捉与深度挖掘，才促使他们的教学日益精进，通向自由境界。

随着理论学习的深入，我逐步过渡到教学理念层面，主要反思自己的学生观和教学观，常问自己：(1)自己的教学是否以学生为本、以学生的发展为本？(2)自己在教学中的角色定位是否合理？(3)是否能正确地认识学生在语言学习过程中的角色？(4)是否了解学生的学习动机、学习需求和认知风格？(5)学生的学习是被动接受还是主动建构？每次上完课离开教室后，头脑里就开始复盘这节课的精彩与不足。若课上对某个重点或难点处理得很巧妙，便心怀喜悦，脚下生辉；若处理得不尽如人意、未达到预期效果便闷闷不乐。过后我带着问题与组里老师讨论，或者向专家请教，或者去翻看学科教学杂志。对反思和研讨中获得的新观点、新方法、新见解，我重新应用于教学实践中，不断调整自己的教学行为。教学中常有意识地把自己感到困惑的问题作为微型课题开展研究，如语篇粘合词汇的使用研究、读后续写如何恰当运用动作描写烘托人物的形象等。

在反复体验实践、反思，再实践、再反思的研究历程中，我积极参加各种教学研讨活动，把新认识、新思考展示出来，也通过展示促进深度研究。我多次在省、市级范围开设研讨课，在市、区级教学研讨会上作专题发言，担任各级听评课活动的评课老师，参加教学案例评比等。每次活动都注意留痕，通过撰写教学随笔、反思日志、活动后记、教学案例记录思想碎片，这些碎片逐渐沉淀为宝贵的教学智慧和论文素材。我与反思为友，日积月累，把感性的认识逐渐上升到理性的剖析，把"一次性教学研究"变为"持续性教学研究"，从而使研究不断走向纵深。

这时我开始下笔撰写教学论文了。第一步，找问题。我多次听评课发现，高一新生入学不久，有些教师不顾学生初中英语基础，连续用两课时把高中英语最难掌握的语法项目之一——定语从句的所有知识一股脑儿地灌输给学生，然后找出高考题中相关考点进行专题训练，结果学生错误率很高，课堂教学收效甚微。其实教材编写者把该语法项目分散在三个单元里，需要半个学期的时间才能完成。陶行知先生说过，"有了问题才会思考，有了思考才有解决问题的方法，才有找到独立思路的可能"。第二步，实践研究。我把这个问题作为微课题做了一段时间的实践研究，头脑里已逐渐形成解决问题的基本认知。第三步，理论学习。我带着这个问题进行了选择性阅读，阅读了《有效教学方法》《对教学设计内涵的理解及实践诊断》《有效教学》等书籍或文章，恰好又听了上海静安区教育学院院长张人利《关于教学和教育科研若干问题的解读》的报告，思路越来越清晰。第四步，开始动笔。论文的开头，我提出自己的观点：学情分析是高效课堂教学的基本诉求。然后结合教学实践，阐述了学情分析的内容：学生基本特征、学生知识和能力储备、学生的困惑、学生的情感和需求。最后以新授阅读课和试卷讲评课为示例，具体说明学情分析的方法。我把这篇题为《学情分析——高效英语课堂教学的基本诉求》4000多字的稿子投到一家省级教育刊物，一下子就被刊用了。这是我第一次写带有"摘要""关键词""参考文献"的论文，拿到样刊的时候，看着自己的文字变成刊字，心情很激动。我知道文章来之不易：观察—思考—实践—反思—阅读—谋篇布局—遣词造句—反复修改，也领悟到了培根所说的"写作使人严谨"的真正含义。

接下来我又写了一篇投到英语专业杂志《基础英语教育》，也顺利发表了，这进一步增强了我的自信心和写作欲望。最让我兴奋的是，2010年9月，约7800字的论文《高中英语阅读课中的词汇教学》在核心期刊《中小学外语教学》发表。这篇稿子是我第二次向这家杂志投稿，第一次投的那篇石沉大海。这篇文章自开始酝酿到完稿用了5个月时间，自收到修改通知到定稿，共修改了9次。每次编辑老师提出的修改意见都让我感到困难，其中有两三次的修改意见是要拓展问题的新角度，我感觉自己学术水平达不到，几乎想放弃。但从未谋面的编辑老师不厌其烦地一遍遍读我改后的稿子，又一次次地提出修改意见，他的敬业精神和精益求精的治学态度深深打动了我。为了完成修改任务，有时连续几天满脑子都是如何突破那个思维的困境，神思都有些恍惚。最终，经过再三研究与反复推敲，文章定稿了。后来文章发表后，我把原先的稿子和出版后的稿子一句一句地作了比对，发现除了我的修改外，编辑老师还帮我把不够精准的表述作了调整，把论文新手易犯的中文错误句式作了修改。通过这次论文的修改，我对如何撰写高水平的论文有了新的理解。

阅读教学是提升学生学科核心素养的主阵地，对此我作了较为系统和深入的探索和思考，构成了我的"立足语篇、语言与文化并重、输入与输出并举"的教学主张。我在阅读课的词汇教学、阅读策略的指导、阅读教学中文化意识的培养、阅读教学中写作能力的训练、思维训练视角下的问题设计、基于主题意义的阅读教学设计、阅读理解讲评课的教学策略等方面形成了自己一些独到的见解，并落笔成文，发表于专业学术研究杂志。

论文撰写不是教学研究的终极目的，课堂教学才是教师职业生命的主旋律，教学研究应始终指向课堂教学。我勤于反思、努力做研究型教师的初心是为了提升教育智慧，伴随着我的教学研究水平的提升，我的课堂教学水平也经历了一个不断实践、创新、提高的螺旋式上升过程。

多年的播种，付出了汗水，也收获了喜悦，收获了成果。我担任理化重点班教学近20年，所带历届班级高考英语成绩名列全市前茅，60岁的我仍坚守三尺讲台，所带班级成绩依然名列前茅。学校组织的学生测评中，我的满意率总在95%以上，有的班级满意率高达100%。有年轻教师问我是如何做到的，我微笑着告诉他们，教学研究一定会使我们逐渐摆脱凭经验的教学，引领我们踏上更科学、更人文、更智慧的教学之路。

我倍感欣慰的是已经考取大学或工作的学生给予我的敬意和祝福。学生在寄给我的贺卡中这样写道：

老师，您教会了我如何飞翔，并使我飞向蓝天成为可能。

老师，人生要在平淡中求进步，要在艰苦中见其光辉；人生要在安定中求付出，要在锻炼中见其庄严。永远记得您的话！

黄老师，讲台上您春风化雨，讲台下我们如沐春风，在这个秋天，您让我们感受到了春天的芬芳，我们相信，我们会让您看见丰硕的果实。

老师，想到在省泰中英语是您教的，心里好踏实。您不知道您接我们班时，我兴奋得一晚上没睡着，因为对高三，我放心了。

老师，千言万语汇成一句：您是我高中三年还能撑下去的原因，也是我今后人生道路上能好好走下去的航标！愿您永远幸福。

老师，我从未在一个人身上见过张扬与严谨如此和谐的融合，这张纸太小了，装不下我对您的祝福，也载不下我的离愁。

老家的后园，有一片竹林，几乎是从春分时节开始，便是竹笋破土之日，而后日见其长，日见其上，势不可挡，似乎可以听见其拔节的声响，不由你不对生命的张力和活力充满了敬意。其实人又何尝不是那一株竹笋？生命历程里虽也有压抑，有蛰伏，甚至有灾难，但只要你有对生命的敬畏，有奋发向上的信念，有不折不挠的坚持，你就没有理由不破土而出，拔节而上，喷薄生命的火焰，从而完成生命中精彩的传奇。回首这么多年来走过的教育人生，我忙碌而充实，辛苦而快乐。

附 录

一、专业成长部分成果

（1）2005年迄今，共发表30余篇论文。
（2）2005年迄今，共主持或作为核心成员参加国家级、省级课题研究6项。
（3）2007年10月，被中国教育学会外语教学专业委员会评为"全国优秀外语教师"。
（4）2009年7月，论文《英语阅读理解题讲评课的教学策略》发表于《中小学英语教学与研究》。

（5）2010年4月，论文《任务型阅读试题命题思路及对教学的启示》发表于《基础英语教育》。

（6）2010年10月，论文《高中英语阅读课中的词汇教学》发表于《中小学外语教学》。

（7）2011年6月，论文《〈牛津高中英语〉Project板块教学策略探讨》发表于《中小学外语教学》。

（8）2011年9月，被泰州市人民政府评为"泰州市名教师"。

（9）2012年9月，被江苏省人民政府评为"江苏省高中英语特级教师"。

（10）2013年7月，论文《中学英语教师阅读能力提升的方法研究》发表于《教学月刊·中学版》。

（11）2014年9月，论文《高中英语校本课程开发的策略探讨》发表于《中小学外语教学》。

（12）2015年9月，被泰州市人民政府评为"泰州市有突出贡献的中青年专家"。

（13）2016年12月，被评为正高级教师。

二、媒体专访

（1）2010年6月，应《扬子晚报》邀请，点评2010年高考英语试卷。

（2）2016年5月，应泰州电视台、《泰州晚报》邀请，做客中高考快车现场，指导学生如何做好高考考前复习。

（3）2017年9月，应泰州电视台、《泰州晚报》邀请，做客名师家长热线现场提供指导。

三、影响专业成长的10本书

（1）卢梭:《爱弥儿》，内蒙古少年儿童出版社，2001年版。

（2）罗素:《罗素自传》(第一、二、三卷)，商务印书馆，2002、2003、2004年版。

（3）泰戈尔:《泰戈尔诗选》，云南教育出版社，2009年版。

（4）曹雪芹:《红楼梦》，人民文学出版社，1982年版。

（5）联合国教科文组织国际教育发展委员会:《学会生存：教育世界的今天和明天》，教育科学出版社，1996年版。

（6）加里·D·鲍里奇:《有效教学方法》，江苏教育出版社，2007年版。

（7）玛丽·艾丽斯·冈特等:《教学模式》，江苏教育出版社，2006年版。

（8）格瑞·莱特:《英语阅读教学》，人民教育出版社、外语教学与研究出版社，2000年版。

（9）威廉斯等:《语言教师心理学初探》，人民教育出版社、外语教学与研究出版社，2000年版。

（10）沈毅、崔允漷:《课堂观察：走向专业的听评课》，华东师范大学出版社，2008年版。

四、问答

问1：如何破解"一师一徒"青蓝结对形式的局限性？

答：每个人的经验都有局限性，长期"一师一徒"就像生物界的"近亲繁殖"，容易趋同。如果青年教师缺乏批判性思维而盲目照搬，对终身的专业发展有弊无利。可以充分利用校内外优秀教师资源，以"一师一徒"为主，"多师一徒""一师多徒""网络带徒""校内外名师工作室"等为辅助结对模式。

问2：面对沉重的高考压力和繁重的教学任务，如何做到教学与教研两不误？

答：首先，要理解教学与教研的关系，教研能使教学更科学、更理性、更高效，不是两张皮，有时候一个理念的转变会极大地提高教学效率。其次，要明白教研无处不在，正襟危坐读教育理论书籍是教研，参加听评课是教研，听教学校长开会讲话是教研，甚至备课组老师课后聊天也是教研。只要不放过遇到的大大小小的困惑，然后带着问题去听、读、想、讨论、解决，就在教研的路上了。

问3：中老年教师现代教育技术的运用不能满足教学要求，怎么办？

答：一方面，随着退休年龄的推迟，中老年教师占教师群体相当一部分比例，学校在教师专业发展方面应考虑到这部分群体的需求，加强定期培训。另一方面，模仿青年教师的"青蓝结对"，备课组有计划地组织"青老教师"结对，老教师自身也应主动追求改变，每天学一招一式，努力做一位受学生欢迎的"年轻"的老教师。

问4：面对学生的问题，一时回答不出，如何应对？

答：无论是理科教师还是文科教师，都可能出现这个现象，尤其面对成绩特别优秀的学生。首先教师应对提问的学生给予肯定，然后组织全体学生讨论，看看能否激发学生的思维碰撞，也给老师灵感去解决问题。若不能，老师应坦诚地告诉学生老师的思路一时打不开，课后研究后再给予回答。课后一定要给予反馈，否则不仅会挫伤学生的求知欲，而且会让学生质疑老师的水平，从而失去信任。

问5：频繁考试严重扰乱教学进度，老师内心很纠结，怎么办？

答：首先我们要接受频繁考试的事实，否则会不断处于焦虑、烦躁之中。考试安排是学校行为或上级教研部门的行为，当然适当的时候可向上反映。然后我们要做的是研究如何提高讲评速度和效率。评讲前要做足学情分析，要讲学生所需和学生所缺，不能每题都讲，对于学生整体水平远低于试卷要求的少数题目，果断放弃，立刻回到先前的教学进度。

问6：有人上课睡觉，有人不交作业，面对琐碎的工作，如何保持良好的情绪？

答：与其眼睛盯着这些烦心事儿，不妨换个角度看学生。平时常迟到的A学生今天按时到校了；上课睡觉的B学生今天还发言了；C学生前天默写得了30分，今天40分了；近日擦得不怎么干净的黑板今天很干净。真好！本来糟糕的情绪立刻好起来了，上课也发挥得不错，感觉学生还挺可爱。每个学生都有他自己的成长速度，让花是花，树是树，只要一直成长。

问7：如何保持阅读的持久性？

答：要保持阅读的持久性，就必须读自己感兴趣的书，读自己需要读的书。此外，可参加丰富多彩的读书活动，如读书一得、读书沙龙、读书笔记展评、网络阅读专栏、我喜欢的一本书等，让读书成果被认可，激发自我提升的愿望，这对于保持阅读热情、形成持久阅读习惯也很有好处。

问 8：如何把握好师生间的心理距离？

答： 亲其师而信其道，并不意味着师生之间可以亲密无间，甚至称兄道弟，适当的心理距离所产生的感召力要比亲密无间强得多。为了确保对学生的影响力，老师既要关爱学生，拉近与学生的距离，让学生亲近你而"爱屋及乌"，又要保持适度的威严和神秘感，亲而不密，"恩威并施"，让学生对你既敬又畏，才能达到良好的教育效果。

问 9：如何对待学生犯错误？

答： 什么是学校？学校就是允许学生犯错的地方。如何对待学生犯错？学生犯小错，让他到讲台前唱一首歌或背一首诗；如果犯稍大一点的错，就要求他做一件好事来弥补，比如代替课代表负责一周的收交作业等；若犯更大的错，就写一份几百到上千字的心理活动说明，描画一下自己的心路历程。不管哪类错，老师都要在恰当的时候指出问题，帮助学生提高认识，完善自我。

问 10：论文写到一半写不下去了，怎么办？

答： 论文要"烂尾了"，说明你动笔前对这个主题的认识不够立体，缺少思维框架，没有列提纲，也可能是实践少，缺少丰富的素材。此刻你的思路已陷入僵化，不要死磕。工作、吃饭、运动、睡眠，一切进入正常状态，把论文暂时抛到脑后。读点书，听听课，与同事闲聊，也许书中一句话、研究课的一个场景或同事的一个说法瞬间打开了你思维的闸门。

丁玉祥 卷

寄语年轻教育同仁：

教育是育人的事业。要把育人贯穿到每一个教育活动之中，渗透到教育的全程。育人的核心是培养思维能力，要积极采用多样的教学方法以实现对学生的差异化教学和个性化指导。

丁玉祥

南京市教学研究室教育质量监测中心教研员。曾任中学校长15年，获市名校长称号；南京市政府教育督学，江苏省中青年科学技术带头人；曾获省基础教育课程改革先进个人，省教科研先进个人等称号；任中国教育技术协会人工智能专业委员会常务理事，全国名师工作室联盟常务理事，中国信息学会教育分会在线教育专家委员会委员，中国书生教育联盟专家委员会委员，中国教育智库联盟教育测量与评价研究中心特聘专家，江苏省东南教育研究院研究员，省中小学教师培训学会理事，南京市考试学研究会副会长。

幸福教师的职业追寻

教师的专业化发展，有赖于自身内在动力的持续激发。教师成长的幸福，则是走向教育研究之路。这既离不开对教学方法的不断摸索实践，更离不开对专业成长的全身投入、真情付出和全程坚持。回想起自己近 30 年的教师专业成长之路、研究之旅、实践之法，时常激动不已。在动情之处，总会说起这么一句口头禅——"很有意思"。其实，自己专长的"变形"，一切都是在"有意思"的前提下……

职初：全心投入

一位职初新教师从师范学校毕业，在从教的第一年，会有着很多的体验。新教师的责任到底有多大？学生的学习过程由自己掌控，家长和校长对自己寄予了厚望，然而我的内心深处却依然充满着许多疑问：自己任职的这所学校是怎么运作的？校长对我的期望到底是什么？我该怎么知道我的工作是否有起色？我能适应这份工作吗？这些问题，都需要新教师自己去寻找答案。

1994 年 8 月 1 日，年仅 21 岁的我从南京师专（现南京晓庄学院）物理系毕业，带着满腔激情到南京市六十中报到。学校蜗居在一个农贸市场里，我骑着一辆"破车"，好不容易在建邺路的绒庄街里找到学校的校门，拿着毕业生派遣证找到了校长办公室，这是一栋破旧的两层楼。与校长谈到住宿问题时，我说自己住在表叔家。当时，学校并不提供宿舍，如果我说没地方住，学校很可能会把我"退回"到教育局去。无奈，为了不让校长发现自己无处可居，只能"撒谎"。其实，我表叔家的房子很小，家里还有一个小表妹，住宿很不方便。好在大学同届有三个好友留校，我们有合住的宿舍，我只能每天晚上都偷偷地跑回宿舍住宿。

后来，学校的教学楼建好了，楼后面留下了一排农民工放建筑器材的临时性小违建房。我在大学宿舍偷偷住了近一年，每天提心吊胆，生怕被大学舍管科的老师发现。学校里另一位老师的住宿情况也比我好不到哪儿去，于是，我们提着胆儿与校长讲明了自己的住宿困难，想让校长同意我们搬进这低矮破旧的违建房里，好在校长点头了。虽然我和同事合住在不足10平方米的空间里，但我十分满足，这也算是"安居乐业"了。

就这样，我开始了自己的第一份工作。我带了四个初二物理班，并担任班主任。我几乎把所有的精力都投入到了班级管理和教学工作中。欠缺经验，不怕；生活条件不好，不怕。我每天7点钟之前一定会到学校，无一例外。激情澎湃的我满脑袋都是班级的工作，都是教学问题。我清楚地记得那时月工资是375元，自己每个月基本上都吃光用光了，每天中午在学校附近的小巷子吃面条、炒饭，晚上到师专的食堂吃，生活十分拮据，就这样，我走过了最初的日子。

带的班级多了，我就在琢磨：怎样让学生做到自我管理呢？我要进行一项真实的质性研究，一项最朴素的教育科研活动。当时，我根据"大学生综合素质测评"的方案进行改良，开展了"学生德育综合素质量化评分研究"，制定了学生日常行为规范以及评价标准，每周对学生表现进行统计，每周发一张"德育素质量化评分表"让家长签字，让家长了解孩子在学校的表现。实践下来，成效很好。于是，我把操作的方案和实验过程，整理成论文，参加了南京市的德育论文评选，结果得了一等奖，这让我兴奋不已，干劲更足了。既然做了班主任，那就要在班级管理上下功夫，我在学生报到的前一天指定了临时班干部，安排他们把教室的卫生打扫好，出"黑板报"来欢迎新同学。我用了一个晚上的时间翻看每个学生的学籍卡，四十几个孩子，我当时的想法就是：我必须一进门就要认识在我面前的这个孩子，记住每一个孩子的名字。第二天，我站在教室门口，进来一个孩子，我就喊出他的名字，摸摸他的头。所有的孩子都很惊讶：一个新老师，怎么都已经知道我的名字了？结果就是，大家都很安静，觉得丁老师真了不起。我说，从这第一件事开始，我觉得很有意思，对未来的工作、生活充满了信心。

工作一步步地开展，对于学生，我采取了"军事化的管理"。黄色运动服，小红帽，白鞋子，男女生都剪短发，整齐划一，做班旗，制班徽，唱班歌。我还带着学生军训，这在那时可是个"稀罕事儿"。我还让每个学生诵读《学生手册》，最后测验，确保每个孩子都能记住那些规则。这样做的目的是让学生对学校所有的规章都清清楚楚。我将学生进行分组分工，比如，检查仪容仪表、收作业、用录音机在课间放音乐……评比每周一

"星":"班干部之星""纪律之星""学习之星""进步之星"等,然后将照片贴在教室门口的镜框里,孩子们别提有多高兴了!每天早晨,我都带着学生晨跑,从初一跑到中考。学生们现在回忆起来,都觉得自己非常了不起,不仅锻炼了身体,还磨炼了意志。

看了魏书生的书,我大受启发,开始在自己的班级实行"无人监考",建设"自律班"。我对学生说:"我教那么多的课,不可能每天从早到晚一直跟着你们。"我对学生提了三个"要一样"的要求:"在家和不在家要一样,老师检查和不检查要一样,老师在与不在要一样。"在我看来,这是在培养孩子们的自律性。

我跟学生们说:"学雷锋不能三分钟热度,要坚持,对不对?那我们就要考验自己,挑战自我。"于是,我组织学生到敬老院义务劳动,分好组轮流去给老人们打扫卫生、唱歌,后来还被评上了南京市"雏鹰假日小队"最佳小队。我总在各种细节之处下功夫,我觉得这些点滴与我的教学有着密不可分的关系。教室里有个"生物角",专门用来养金鱼,种花,每天早上都要换水、浇花,就算是放长假,也会有学生轮流到学校来"工作"。我常常带着学生坐公交车出去考察,游玩。这些事情让学生们都觉得自己的班级比其他班级有趣得多。而我作为老师,幸福感也就特别强。

| 专业研究:成长的核心 |

教学是一项交织着各种困难的工作,它把教与学联系在一

起,但这种联系却是不确定的。就算是用已知最好的教学技巧,教师也无法确定学生是否真的学会了。如果教师不注意开展研究,没有学会协调和处理这些事务性事情的有效方法,那么,他就很容易陷入疲于应付的境地。

我任教四个班,却从不感到累,学校条件有限,我通过自己制作的物理教具来给学生上课。刚开始上课时,我采用了传统的讲授式。为了有所突破,我不停地给自己充电,我告诉自己,要多读书,借鉴他人所长。为此,我从仅有的一点工资里"抠"出一部分钱,订阅了十几种物理学术期刊和教育类杂志,每年大概需要1000多元,这差不多花了我半年的工资,但要有所成长,就必须学习。不仅如此,我积极参加全国中学物理教学研讨会,还通过书信与很多物理教育专家建立了联系。我认真钻研教学,并写了第一篇物理教学论文《浅谈在物理教学中如何激发学生的学习兴趣》,结果获得了建邺区论文评比一等奖。当拿到获奖证书时,我才发觉自己的所有努力都得到了认可,充满了成就感,这对我的专业发展和成长起到了很关键的激励作用,我更加热爱物理教学了。

1994年,"目标教学"成为热词,南京市也开始了目标教学的实验研究。我收集了大量的目标教学的资料,到处打听专家讲座。我在自己订阅的杂志上读到了全国"目标教学"的专家发表的有关论文,于是,我萌生了一个大胆的想法,与专家们主动联系,诉说自己对教育科研的向往,对目标教学的热爱。也是因为这一举动,我才有机会与名家结识。我写信给魏书生,请教教学上的问题,从魏老师那里学到了不少东西。我用这种方式,与当时很多的物理大师建立联系,沟通交流,他们还邮寄了大量的理论书籍给我，并鼓励我。原山东省教科所所长李建刚给我寄送了很多有关"目标教学"的用书，华东师范大学叶澜教授赠送了有关"新基础教育研究"的诸多研究资料，首都师范大学物理系乔际平教授（已故）送了《物理学习心理学》……

一个偶然的机会，我与江苏省中小学教研室李容老师相识，参与了江苏省中小学教研室组织编写的配套教材《研究性学习背景材料与示例》的编写工作。我平时喜爱看杂志，从杂志上了解了有关课改研究型课程方面的一些经验，于是在教学中开始尝试物理研究性学习活动的设计实施、学生课外生活中物理知识的应用等实践活动。比如，组织学生进行"家庭电路的探究""电热水器的调查"等研究性学习活动实践。由于有了这方面的基础，我较快地适应并完成了李容老师布置的《研究性学习背景材料与示例》的写作任务。

看到我对物理专业研究的热情和喜爱，李容老师再次邀请我参加了"苏教版"物理教材开发的前期研究。为此，我开始进行了内地物理教材与香港《科学》教材的比较研究，大陆物理课程标准与台湾物理课程标准的比较研究，研究成果最终发表在杂志上。这两项成果以及项目组其他成员的成果，为"苏教版"初中物理教材在教育部批准立项中发挥了重要作用。我也受益匪浅，进步显著，多次被江苏省中小学教研室聘为"苏科版"课程专家，委派到河南、广东、广西作课程培训。

有一段时间，我发现教育部考试中心有一个专门研究全国各地试卷的项目组，我就在想，我不是也可以做"新课程评价"研究吗？于是我在学校专门建立了"新课程评价"小组，研究"新课程"的笔试命题。我们做量表，做探究性学习，写研究文章。

说到自己的专业成长,还要提到我的师父——南京一中教师单锦甫。单锦甫是南京一中初中部物理老师,他待人诚恳,学识丰润,以物理实验见长,他以物激趣,让孩子们充分动手实验。他主动将课表给我,同意每周让我随时推门听课,每次听课后,主动帮我答疑解惑,解决教学上的困难。他细心指导我的实验教学,他的教学态度和人格魅力让我终生难忘。就这样,我连续3年跟班听课,受益匪浅。3年的耳濡目染和主动学习,使我的教学水平得到了显著提高,我几乎每年都积极争取开一节区级研究课,鞭策自己,也"传道授业解惑"。

我是个爱研究的老师,起初是为了提高效率,减轻工作负担,后来不断探索物理研究性学习,因表现优秀,还参与了教学用书的编写工作。

| 持续充电:专业再学习 |

工作之余,我参加了成人高考。1996年,我考上了清华大学应用电子专业,在南京办学站夜大学习。我白天做老师,晚上做学生。1999年毕业后,我拿到了本科文凭。

我还到南京五中临时代课,每天在两个学校之间来回跑,一直坚持了两年半。好在功夫不负有心人,我所代课的班级物理成绩位列年级第一,这对我来说,是无限的鼓励!也在这时,我被评为"建邺区学科带头人"。

2001年,我正式调入南京五中。也是在这一年,我被评为"南京市优秀青年教师",我不仅依然做班主任,同时兼任建邺区物理教研员、学科教科室副主任。我不停学习、不停研究，重点关注物理新课程研究，在物理和教育核心期刊上连续发表了数篇文章。我申请的江苏省"十五"重点规划课题"网络环境下物理研究性学习策略与学法指导体系研究"获得了立项，这对我的研究是极大的支撑。

2002年11月，南京市教育局组织中学校长公选，我参加了全市校长的公选，"过五关斩六将"，经过笔试、答辩、组织考察等程序后，我顺利进入南京航空航天大学附属中学初中部，任副校长，分管教学，当时的我仅29岁，是南京市中学中最年轻的副校长。因为年轻，我有充足的精力；也因为年轻，我有坚定的决心。

我从头开始接班，用自己独有的方法进行教学管理。我把学校的青年老师召集起来，组织研讨，亲自给他们作培训，教他们怎么写论文。不仅如此，我还帮助其他老师修改文章，把自己的经验毫无保留地分享出来。这是我最开心的事，我带来了一个大变化——青年教师队伍的成长。我曾说过："教师专业发展应该包含两个方面，一方面是教师自身专业成长过程，另一方面是促使教师专业成长的过程。"我确实是这么做的。

研究"新课程"的时候，我还在琢磨着有什么新方法能让更多老师共享资源、共同成长。我和信息技术老师合作，开发了"丁玉祥物理网"，上传了很多专业资料。没想到，这个网站荣获了"南京市首届专题学习网站一等奖""全国中小学特色主题网站一等奖"。直到现在，"丁玉祥物理网"在全国依旧很有名气。我坚持更新网站资料，及时回答访问教师的问题，即使很忙的时候也不忘更新信息。也许，这个网站代表的不仅仅是物理专业网站。

2004年，我被调到南京市第三初级中学，这是一所省重点初中，是白下区公办学校中最好的初中。我被江苏省中小学教研室聘为"苏科版"课程专家委派到广东省茂名市、韶山市和广西壮族自治区桂林市作省级课程培训。我在学习的道路上是拾级而上的，我报考了四川师范大学的教育管理专业，边工作边攻读教育硕士学位。学到的更多的教育管理知识让我对学校管理的实践性操作有了坚实的理论基础。

我曾说："年轻教师应该给自己设定阶段性成长目标，我一直梦想有一天能出一本专著，正是这个梦想，让我坚持勤动笔，给自己分阶段制定小目标。"33岁时，我实现了梦想，出版了个人专著《义务教育课程标准初中物理比较与实施》。我和出版社说，我只要16本书，一分钱稿费都不要。20万字的书，这是我的梦想，是我为梦想而积累的点滴，这个时候，钱还有多重要呢？后来，我带着这本专著参加首届南京市基础教育课程改革成果评选，荣获南京市二等奖；参加江苏省中小学教研室组织的"苏教版"初中物理教材实验教学成果评选，荣获江苏省初中物理教学优秀成果一等奖。我深深感慨道："这本书的出版，让我深刻体会到，作为教师，只要坚持自己的专业理想，坚持不懈，并注意将自己的经验条理化，系统化，是能够完全胜任专著出版这一挑战的。专著未必是名家的专利，只要普通教师有自己真实的、有特色的实践，一样能够取得成果。"

2007年，我调到南京市白下区教师进修学校，同时被评为白下区"学科带头人"。我能一步一步往更好的方向发展不是没有原因的，我曾经总结过自己的专业成长规律，逻辑清晰、坦诚笃定，我崇尚经验公益分享，不保留所谓的优秀经验，旨在让更多同行受益。我从一名普通的教师，通过自己的努力，一步一步地丰满羽翼，在专业上慢慢地成熟，成为一名合格教师，成为一名好教师，来自平凡，顽强生长，这不就是"草根"的成长历程吗？

我是一名理科教师，但是却热爱写文章，写物理专业的文章，写年终总结的文章，写知识梳理的文章，写学校管理的文章，还写总结经验的文章……在全国教育类刊物及中文核心期刊上发表论文两百多篇，获全国、省（市）级论文奖，参与编写和主编教学辅导书30多本。鉴于我在物理教学、教学管理、教研管理方面的丰富经验，我被南京晓庄学院、南京市师范大学"国培计划"项目聘请为授课专家，为教育同行介绍教育经验。

2014年，我被江苏省教育厅选派赴英国曼彻斯特大学进行为期约一个月的公派学习，较为全面地学习和了解了英国科学教育的课程设置及特点，深入曼彻斯特的小学、初中考察科学教育课堂教学组织形式，并与教师、学生面对面交流，丰富了自己对科学教育的相关认识和教学技能。

此外，学习更需要广博群书。我家的书橱里存放了近万册教育杂志。有些是几十年前订的杂志，时间久了，容易散开，我找专业机构给加上封面，重新装订，像字典一样，一直都珍藏着。视书如宝，这些也是我一步一步走来的印记，每触摸一本旧书，每翻开一页杂志，我的心里兴许会泛起涟漪吧！这是泛着点点波光的涟漪，也是让我坚信创造未来的基础。

技术应用：融合学科教学

我一直关注着信息技术在学科教学中的作用和深度研究。2007年以来，我主动尝试开展了网络环境下物理研究性学习方法指导与学习策略研究活动，并积极参与推广基于网络的教师网络团队教研活动项目。我受南京市电化教育馆委托，每年为全市中小学教师开设网络团队教研教学竞赛的技术培训和竞赛指导，持续了好多年。我一直被全国中小学信息技术与创新实践活动组委会评为教师网络教研赛项的学科执行评委，参加全国竞赛的评审工作。我有幸与全国信息技术同行专家深度交流，这进一步拓宽了我的视野，丰富和加深了我对信息技术方面内容的理解。

随着信息技术的发展，我开始进一步关注信息技术在学校管理中的应用。不少教师对日常教学质量评价的数据分析仅停留在数字表面上，缺乏深层次的精准分析和问题归因，难以准确定位学科教学的薄弱环节，导致教学改进始终局限于经验觉醒和行动自觉，从而导致常态教学改进的行动相对缓慢。

为此，2012年以后，我把教学管理研究的焦点放在"基于大数据分析的教学质量诊断与教学改进"上，通过系统比较现有各类教学质量诊断与分析平台的优势与缺陷，组织教研员、信息技术人员开展技术支持下的学业质量监测工作。通过网络阅卷系统，采集数据，借助与信息技术工作合作研发的学业质量监测平台，进行教学质量评价、学业质量评价以及学生个体评价三个维度的研究。通过组织区教学校长和教务主任的技术应用培训，逐步将基于数据分析的学业质量监测工作在区域层面进行整体性推进，成为南京市区县中第一个整体开展技术支持下的学业质量监测区域。通过学业质量监测工作的推进，在学业质量监测、区域学生学业负担调查方面进行了积极的尝试，并形成了一套可操作的区域性学业质量监测组织实施流程和相关制度。

为此，白下区于2013年在全市率先成立教育质量监测中心，使学业质量监测工作进入了正常化、规划轨道，相关经验得到了江苏省中小学教育质量监测中心相关专家的充分肯定。

2013年，秦淮区与白下区行政区合并后，我在区教育局领导的大力支持下，将基于大数据分析的学业质量监测工作进一步深入推进，扩大学业质量监测的适用面。2015年，参加江苏省"基于测试分析的跟进式改革重大研究项目"的申报，"基于网络测评平台的区域性教育质量监测组织实施与推进策略研究"重大项目成功立项，成为南京市唯一以区域推进为代表的项目。

基于数据诊断的质量监测，帮助教师从过去基于经验的教学判断走向基于数据的精准诊断，从一般意义上的数据精准迈向常态教学的教学精准，从常规数据通报走向基于数据的精准归因，实现对教师常态教学的正向影响。随着大数据应用研究的深入，我校老师在学业质量监测方面研究成果不断，有关学业质量监测与教学评价改革的经验文章在《中国教师》等教育期刊发表，并受到浙江、江苏、重庆、新疆、山西、青海等地的同行关注，为各地教师进行了专业性的经验介绍。

此外，我还努力尝试将自己教育教学研究成果经验数字化，通过网络平台进行公益化传播，放大教育教学典型经验的示范和辐射作用。

2015年以来，我将自己平时教育、教学管理中的心得和专业性讲座，全部转换为视频，作为一种公益性的举动，免费放在优酷、56.com以及自己QQ空间日志中，利用全国教师名师工作室联盟平台建设丁玉祥智慧教育名师工作室，利用美篇平台公益发布系列专题讲座内容，积极为教育管理同行、物理教师提供丰富的教学资源，并及时在网络上给全国同行答疑或提供资源帮助。

在空余时间，我利用自己的"全国初中物理公益空间QQ群"群视频、腾讯会议、钉钉群直播、"沪江网"CCTALK线上直播交互工具，不定期为全国物理同行以及教学管理者，开设公益性网络直播讲座，与全国数千名网友进行专业交流、经验分享，为同行提供大量免费教学资源。如果在百度、微信的搜索栏中搜索关键词"丁玉祥老师"，可以发现与我相关的各类资源类信息近21.4万条。这样做当然并不简单，但正如我自己期望的那般，共享才是最有价值的。

教师的幸福感，在与全国各地同行的公益性分享交流中，像绵延不断的泉水不断涌出。空余时间，随意翻看我的微信朋友圈、QQ群，几乎全是与物理专业、教师成长、学校管理、名家大家之言有关的内容，手机软件也是各种学习App，我是真真正正将工作快乐地融进生活里了。这样的我，怎么可能不成长？怎么可能不成功？

附 录

一、专业成长部分成果

（1）1994年迄今，在《中学物理教学参考》《物理教学》《物理教学探讨》《中小学校长》《中小学教师培训》《江苏教育》《教学与管理》《教学月刊（中学版）》等专业杂志上发表论文220余篇（45篇发表于中文核心期刊），其中被中国人民大学复印报刊资料全文转载18篇。

（2）1996年8月，参加中学教育学会物理教学研究会与《中学物理》杂志组织的全国第七届中学物理教学研讨会，并作经验交流。

（3）1999年6月，"物理课堂教学中学生学习策略与学法指导体系构建的理论与教学实践"荣获山东省第三届中小学教育科学优秀成果一等奖。

（4）2002年6月，参编江苏省中学教研室组织的《研究性学习背景材料与示例》，该书由江苏教育出版社出版。

（5）2002年9月，被南京市教育局评为"南京市第四届优秀青年教师"。

（6）2002年12月，参加南京市中学校长公开招聘选拔，任南京航空航天大学附属中学初中部副校长。

（7）2003年4月，被西部教育科学研究中心聘为西部教育科学研究中心研究员。

（8）2004年12月，个人开发和维护的"丁玉祥物理网"荣获第二届全国中小学教育特色主题网站展评活动一等奖。

（9）2005年6月，参编《教育研究论文选题与写作》，该书由陕西师范大学出版社出版。

（10）2005年10月，主编《物理中的STS教育》，该书由电化教育音像出版社出版。

（11）2006年6月，个人专著《义务教育课程标准初中物理比较与实施》，由远方出版社出版。

（12）2007年11月，参加全国高等师范专科学校教材《中学物理课程与教学论》的编写工作，该书由东北师范大学出版社出版。

（13）2008年5月，主持的江苏省教育科学规划"十五"重点课题"网络环境下初中物理研究性学习策略与学法指导体系构建"成功结题。

（14）2009年至2016年全国中小学信息技术创新与实践活动决赛"教师NOC竞赛"中任评委会执行委员。

（15）2010年1月，被《中学物理教学参考》杂志社、陕西师范大学出版社基础教育研究院评为"2010年度中国中学物理教育教学年度人物"。

（16）2010年3月，被江苏省教育厅评为基础教育课程改革先进个人。

（17）2011年5月，主编八年级、九年级《物理全解题库》（课标江苏版），由江苏教育出版社出版。

（18）2011年11月，被评为江苏省教育科研先进个人。

（19）2013年5月，主持的江苏省中小学教研重点课题"区域性校际教研团队的创建、实施与绩效评价研究"成功结题。

（20）2013年9月，被南京市教育局评为第三届"陶行知奖"荣誉称号（市名校长）。

（21）2014年11月，到英国曼彻斯特苏曼教育中心考察学习英国科学教育。

（22）2015年，主持的"基于网络测评平台的区域性教育质量监测组织实施与推进策略研究"重大项目荣获第十一期江苏省中小学教研课题成果评选特等奖。

（23）2016年，被评为江苏省第五期"333人才工程"第三层次培养对象（省中青年学术技术带头人）。

（24）2018年4月，当选为南京市考试学研究会副会长。

（25）2018年5月，被中国管理科学院教育科学研究所智慧教育研究中心评为智慧教育专家。

（26）2018年8月，被陕西省教育学会评为陕西省教育学会教育质量综合评价中心特聘专家。

（27）2018年12月，被中国教育技术学会人工智能专业委员会聘为常务理事。

（28）2019年2月，主持的江苏省教育厅"基于测试分析的跟进式改革"重大项目"基于网络测评平台的区域性教育质量监测组织实施与推进策略研究"成功结题。

（29）2019年11月，被江苏省电教馆聘为江苏省信息化教学能手大赛评委。

（30）2020年5月，被中国信息协会教育分会聘请为中国信息协会教育分会在线教育专家委员会委员。

（31）2020年6月，当选为全国名师工作室联盟常务理事。

（32）2020年12月，被《实验教学与仪器》杂志评为2020年度优秀作者。

（33）2021年5月，被科大讯飞A.I.教育学院聘为专家。

（34）2021年12月，当选为南京物理学会理事。

（35）2022年11月，被广西壮族自治区教育厅聘为"八桂大讲堂·教研之秋"基础教育系列主题教研展评活动评审专家。

（36）2023年7月，被江苏省教育厅聘为江苏省智慧教育样板区建设专家指导组专家。

（37）2023年9月，被江苏省东南教育研究院聘为研究员。

二、媒体专访

资源共享，知识付费时代的少数派
——专访丁玉祥智慧名师工作室

[《课堂内外·中国好老师》2020年第8期名师工作室专访（摘录），作者：陈大庆]

刷 屏

每天凌晨五点左右，丁玉祥便开始在朋友圈刷屏。

从国内最新的教育政策文件解读到国外的教育教学前沿研究，既有一线教师信息化技能修炼的技术帖，也有行政管理者的管理样本案例，多年来，他养成了在朋友圈分享教育最新资讯的习惯，让他的朋友圈成为各种教育资源与最新信息的聚集地。

曾经有好友给他建议，"不要一次发这么多，把其他人的信息都淹没了"。他觉着有道理，但是又想着自己转发的这些信息，总会有一条能对某个老师有用。后来，他就将发朋友圈的时间固定在凌晨和深夜。"这两个时间点就回避了大家刷朋友圈的高峰，如此便不至于打扰到大家的朋友圈社交。"丁玉祥告诉记者。

丁玉祥名师工作室的成员姚雅丽老师曾经留意了丁玉祥第一天夜里最晚的一条朋友圈和第二天最早的朋友圈，"只相差了4个小时"，这种持续的热情给她留下了深刻的印象。姚雅丽老师因为在一次讲座分享活动中得到丁玉祥的指导，便加入了他的工作室。现在她在美国的一所孔子学院教汉语，从国内到国外，她说这种转变中最难适应的还是学习方式的转变。

"项目制学习方式是美国本土比较流行的教育方式，可是我之前在国内可能更关注怎么去教会学生得分。"姚雅丽老师说。也正是在丁玉祥的朋友圈中，她发现了有关"项目制学习"的一些学习材料，从原理解释到操作方法，这解了她的燃眉之急。

"丁老师的朋友圈就像哆啦A梦的口袋，里面有着丰富的学习资料。"姚雅丽告诉记者，丁玉祥并不是简单地将学习材料转发给她，而是从课程的整体设计和规划等方面都对她做了细致的指导。他鼓励她利用地域优势充分研读项目制学习的英文原文文献，从本土的起源与应用去透彻地了解和学习这种教育教学方式。姚雅丽说，丁玉祥对自己的指导不仅是一种教育方法的掌握，更是一种视野和思维的提升。

据丁玉祥介绍，目前工作室网上成员已经超过4000人。他创建的"全国初中物理公益空间1、空间2"QQ群（2000人+1000人）、"全国高中物理公益空间"QQ群（1000人）、"全国教育教学与管理学习共同体"、"全国教育教学名家经验共享"微信群在全国有一定影响力。今年2月，他在全国名师工作室联盟的网站上注册开放的"丁玉祥智慧名师工作室"，短短几个月，目前已经有超过600人注册成为该工作室的成员。

"我的工作室目前也是一种全开放式的资源共享平台，所有的资源供成员免费学习下载，大家主要通过线上的方式进行沟通交流。"在这之前，2003年他就联合信息技术老师一起创建了学科资源共享网站"丁玉祥物理网"，与全国的中学物理老师免费共享资源，共同成长。直到2019年，16年时间里他都坚持更新网站资料，共享物理教育最新资源。这期间，甚至有人想出资20万（元）收购该网站，但他并没有将其出售，而是一直以精神家园的初衷将网站维护更新着。

在知识付费的时代，丁玉祥这种全免费的分享让很多人不理解。他说，自己花了很多时间来打磨和做这些课件，现在想学习和成长的年轻老师很多，既然自己已经做出来了，那就可以共享给更多人，为其他人节约时间。"丁玉祥物理网"一度成为中学物理学科最具影响力的网站之一，还获得了"南京市首届专题学习网站一等奖""全国中小学特色主题网站一等奖"等荣誉。

"一所学校、一个地区的教育要想发展起来，最好的办法是让所有人都成长起来。我愿意把自己的这些资源分享出来，有人需要至少证明它是有用的。"丁玉祥回忆，1994年，自己刚参加工作的时候，学校条件有限，只能通过多种渠道的自我学习不停地给自己充电。

当时他每个月的工资是375元，但每年至少要花1000多元来订阅各种学术期刊和教育杂志。丁玉祥告诉记者，他的书橱里至今还保留着几十年前订的杂志，那些散落的旧杂志被重新整理印刷之后，集成了一本"字典"，成了他压箱底的宝贝。在不断读书看报的同时，他也积极参加全国中学物理教学研讨会，通过书信与很多教育名家建立起了联系。原山东省教科所所长李建刚给他寄送了很多有关"目标教学"的用书，全国知名教育专家魏书生寄送"静能生慧"明信片的话语鼓励，华东师范大学叶澜教授送了有关"新基础教育研究"的诸多研究成果……

曾经受惠于各路教育大家的指点与帮扶，如今他的这种无私分享也恰如一种薪火相传。丁玉祥将自己多年来的教育、教学管理中的心得和专业性讲座PPT全部放在各大社交平台上，还不定期地为全国物理同行以及教学管理者，开设公益性网络直播讲座，他经常与全国数千名网友进行专业交流、经验分享，并及时在网络上给全国同行答疑和免费提供各类学习的资源。

永远在路上

"年轻教师应该给自己分阶段制定小目标，我一直梦想有一天能出一本专著，正是这个梦想，让我坚持勤动笔，养成了教学研究与教育写作的习惯。"他先后独立主持承担的江苏省重点课题"网络环境下初中物理研究性学习策略与学法指导体系构建""校际教研团队的组织实施与绩效评价研究"均顺利结题，取得了丰硕的课题研究成果，并推动了相关工作的开展。丁玉祥在33岁时出版了个人专著《义务教育课程标准初中物理比较与实施》，"实现了梦想"。后来，他带着这本专著参加首届南京市基础教育课程改革成果评选，荣获"南京市二等奖"，在江苏省中小学教研室组织的"苏教版"初中物理教材实验教学成果评选中，荣获"江苏省初中物理教学优秀成果一等奖"。

他在接受《未来教育家》杂志采访时谈道："这本书的出版，让我深刻体会到，作为教师，只要坚持自己的专业理想，坚持不懈，并注意将自己的经验条理化，系统化，是能够完全胜任专著出版这一挑战的。专著未必是名家的专利，只要普通教师有自己真实的、有特色的实践，一样能够取得成果。"

翻看一下丁玉祥的履历，不得不惊叹他的专业成长速度。26岁成为区级学科带头人、区级教研员，29岁任省重点中学副校长，33岁出版20万字个人专著。迄今为止，在全国教育类刊物及中文核心期刊上发表论文近200篇，其中有近20篇文章被人大复印报刊资料全文转载……

2020年，丁玉祥被调至南京市教育质量监测中心，计划与工作伙伴尝试市域范围质量监测工作的新实践。"目前在尝试制定一个市域教育质量监测的五年规划，这项工作在全国范围来看，也是走在前列的。"丁玉祥介绍，从全国范围看，区域教育质量监测中心的发展不够均衡，监测作用的发挥仍有较大空间。如何将市级质量监测工作落实到每一个区去推进，这其中还有很多细致的工作要做，难点不少。

"区域质量建设要从过去基于经验的判断走向基于数据的精准诊断，从常规数据通报走向基于数据的品质化管理，从而不断强化学校质量管理者的数据意识、证据意识、诊断意识与改进意识。"热衷于教育前沿问题研究的丁玉祥难掩兴奋，他说，在新时代的节点上，区域教育质量监测工作，大有可为。

三、影响专业成长的 10 本书

（1）皮连生等：《学与教的心理学》，华东师范大学出版社，2009年版。

（2）加里·D·鲍里奇：《有效教学方法》（第9版，全2册），华东师范大学出版社，2021年版。

（3）泰勒：《课程与教学的基本原理》，中国轻工业出版社，2014年版。

（4）陶行知：《陶行知文集》，江苏教育出版社，2001年版。

（5）李镇西：《走进心灵——民主教育手记》，四川少年儿童出版社，2000年版。

（6）钟启泉、胡炳元：《物理课程与教学论》，浙江教育出版社，2003年版。

（7）阎金铎、郭玉英：《中学物理教学概论》（第三版），高等教育出版社，2009年版。

（8）罗伯特·米尔斯·加涅等：《教学设计原理》（第5版修订本），华东师范大学出版社，2018年版。

（9）施良方：《学习论》，人民教育出版社，2008年版。

（10）苏霍姆林斯基：《给教师的建议》，浙江人民出版社，2022年版。

四、问答

问1：影响教师专业发展的问题通常有哪些？

答：关注的目标太多，有时这些目标还相互冲突；内容与教师不相关或是意义不大；以一种低效的讲座方式进行；不能为教师发展提供持续的支持或反馈；通常对实施时间以及产出结果等存在不切实际的期望。

问2：哪些方法能对教师的专业发展带来积极的改变？

答：可以采取如下方法：科学设定具体的、以学生为导向的目标；切实把目标减少到1~2个；努力使学习具有协作性和实践性；注意在整个实施过程中提供支持；重新审视和跟踪目标实施情况；给予现实的期望。

问3：新教师面试，评委最看重什么？

答：一是要有精神气，自信心足。仪态从容，服装贴身得体，既展现出青春活力，又有优雅而落落大方的气质。目光中要充满自信。

二是要有亲和力。自始至终面带自信的微笑，即使话语思维略有阻塞，仍能做到面不改色，一如既往地展现得体的笑容，让微笑快速缩短你和评委的距离。

三是要有好的理解力。在片段教学或说课环节，对教材内容的理解情况，力争做到：目标制定明确，内容合适，条理清楚，并且有新意，有见地，有特点。

四是要有丰富的表达力。在片段教学或说课环节，应设计好教案，安排好教学流程，设置好提问的问题；考虑过渡的语言与调控话语，追问的问题，做到调控自如；应讲究言语表达技巧，语速适中，能用机智、幽默的话语弥补言语表达的不足。

问4：学生故意扰乱课堂纪律或搞恶作剧怎么办？

答：首先，要冷静对待，平时教育中，注意引导学生学会自我克制，以免学生之间产生摩擦和冲突；其次，在学生失态时，教师要反应敏捷，果断决策，及时转移学生的注意力，按情况采取冷处理的办法；再次，随机发挥，教师要善于利用教育契机，对突发事件中的某一点，或小中见大，引申出深刻的意义，从而化解矛盾。另外，教师不要简单地暂停讲课，严厉训斥一番了事，而应根据情况区别对待，下课后，与学生及时沟通，或善意引导，晓以大义，或以宽容的态度、透彻的分析去征服学生的心。

问5：对待缺少成功体验的学生应该怎么办？

答：以鼓励为主，目标的设定贴近学生实际，以便于目标的实现，同时对学生取得的进步及时表扬鼓励；注意为学生创造适合学习的教育情境，创设更多的机会，降低问题的台阶，鼓励引导他们回答，并给予适当肯定；努力挖掘学生的闪光点，让其建立自信心，积极发现自身的闪光点。

问 6：线上学习如何保护学生视力？

答：一是控制时长，增加体育锻炼，为避免长时间的学习，低年级线上教学每节课不超过 30 分钟。二是每天上完网课后做眼保健操，能缓解眼睛疲劳。三是在观看屏幕听课时，要保持肩部放松，上背部扩展，上臂与前臂呈 90 度，放松腕部，规律呼吸，要使眼睛到屏幕的距离保持 40 厘米左右。每看 30 分钟，要注意向远方远眺几分钟。

问 7：如何进行家校互助，以便管理好学生？

答：教师要与家长多沟通、勤交流，帮助家长克服焦虑情绪，引导家长积极配合学校管理，教育好孩子。教师要指导家长当好孩子学习生活的"现场教师"，鼓励孩子认真完成学校布置的各项学习任务。平时，家长要多与孩子沟通，通过多种方法鼓励孩子战胜困难。教师与家长沟通时，要对家长进行积极的正面引导，对孩子学业的点滴进步，都要及时给予鼓励和表扬。教师对学生学习上出现的情况，要耐心询问原因，帮助解决孩子的学习问题，并及时与家长反馈沟通，齐抓共管，让孩子学习起来更积极主动。

问 8：教师写论文、做课题缺少参考资料怎么办？

答：教师进行教研、科研，离不开查找参考文献。参考文献，通常可以到中国知网，根据关键词和主题或作者等相关信息进行检索，根据检索结果查询符合需要的资料（下载资料一般需要付费）；也可以到国家哲学社会科学学术期刊库查找资料，此期刊库的资料是全免费的；还可以去掌桥科研平台、爱学术等资源平台上查询自己需要的文献资料。一些省级图书馆也提供一些免费资料，比如广西、浙江省级图书馆，提供免费资料下载。教师也可以登录国家中小学智慧云平台，根据自己学段、学科，查询一些电子版的参考资料。

问9：新一代人工智能教育，怎么教？

答： 一是融入信息科技课程。面对人工智能的发展趋势，优化信息科技课程内容模块设计，教师需要适度更换教材中的案例，让课程教学内容更丰富，实现多模态交互。二是结合科创活动开展人工智能教育，引导学生使用各种开源硬件、编程工具、数据处理工具来开展科创活动。具体采取"AI+科研""AI+工程""AI+艺术"三种形式推动人工智能技术与科技创新活动融合。三是优选新一代人工智能学习工具支持信息课程教学。新一代人工智能教育内容的实施，离不开各种教学资源的支持。教师应注意优选一些可应用的人工智能学习和开发工具，比如AI学习平台、AI学习工具和其他辅助工具等。

问10：如何引导教师将自己制定的专业发展规划落到实处？

答： 一是制定规划，明确方向，提醒教师要牢记"过有规划的教育人生"，并且给每名教师提出了"四个一"的共同要求：一月一篇文，一年一论文，一年一本书，一人一课题。二是学习先进，模仿借鉴，教师应注意观察一下周围优秀的同事或同行，以他们为榜样，积极借鉴他们如何制定专业化成长的长期规划和短期计划的典型方法，并结合实际为自己制定切实可行的专业成长长规划、短计划，努力做一名有理想的教师。三是检查落实，保证实效，教师要自觉形成"月手账""月小结""年小结"等常态化工作管理流程，对自己制定的成长规划的执行效果进行定期评估，及时加以完善和改进。

徐莉 卷

寄语年轻教育同仁：
最重要的永远是，做完外部规定动作，也就是达到最低标准的合格之后，再试图思考超越的部分——我想做什么，我能做什么，我做了什么，以及为什么。

徐莉

国内一线教师中较早专门从事学校课程开发和区域课程发展的执业者。从1999年至今，已有25年区域、教育集团、从幼儿园到高中学校的课程发展经历。擅长课程开发、课程整体优化和与之对应的教师培训。长期关注国内外主流和非主流教育的课程实践，在理论与实践间穿行，竭力做到融会贯通，倡导持份者多方互动协作，为学生、教师、教育管理者、社区、公益组织、专业智库等多主体参与课程变革，共同创造新的可能。

一个人的合唱

| 缘 起 |

工作的第三个年头,我被安排在教导处负责管理学生学籍和全校大课表,因为教务繁杂,也是惯例,我离开语文教师队伍转教其他学科。

2000年,社会与思想品德还没有合并,那时候社会科偶尔还会有期中抽考。一次考前,我向学校申请只参加期末统考,期中不考查我所任教的班级。理由是为了减少课堂组织和管理的压力,我将最难上的第二单元和比较有趣的第四单元进行了对调,先学习师生都比较感兴趣的学习内容。

学校的态度非常坚决,概括起来的意思是——你没有权力擅自调换单元顺序,作为一个资历尚浅的青年教师,你最应该做的是严格执行既定的教学计划,按照教材顺序教学,而不是有太多自己的想法且自作主张。

教育管理者常常强调要关注学生的需要和兴趣,表示鼓励教师形成自己的教育教学风格,但在管理者的经验和实践中,统一更容易保证质量和提高效率。

作为现代化核心的工业化进程是现代教育发展的背景,现时的教育越来越热衷于追求标准化和高效率,鲜少自省和自控。今天的状况是教师的空间一再收缩,"教师作为课程开发者的角色在晚近历史上的公共决策中已不再被思考"。

那时候,学校的大课题是校本课程开发,作为课题组最年轻的成员,上创新课、概念课,舍我其谁?一群人绞尽脑汁出创意,再通过反复试教颠覆,没完没了地拍脑袋从头再来,横竖要整出一节"前无古人""开天辟地"的新课例,还得自圆其说,给出有理论高度的说法解释。

我们通读各种版本、各个学科的教科书、课程标准,试图找出所有学科都没有涉及的学习内容和学习类型,我们费尽力气说服自己,我们使出浑身解数证明所开发的课例是基于学生的需要和兴趣,我们所做的是站在教育乃至时代的前沿。但这些自主开发的"精彩""经典"课例在日常的教育教学实践中面对巨大的课堂组织和管理压力,难以常态化,结果被老师们直斥为"太假""太理想化"。

多年课程开发的经历导致我对教育管理者、教育专家、同行、把教育当作自己兴趣爱好的种种人的口味,有了深深的不信任,对创新的过度热衷常令人迷失方向、丧失判断。

不喜欢这样的教师——在短短一两个40分钟里有意无意地征服、感动观众,试图屹立于潮头浪尖引领潮流,刻意制造新意启迪他人……如果和孩子们每天的相处都是这样,孩子们还是被一种外在的企图心控制,教师仍然是将满足自己的需要优先于满足孩子们的需要。

派纳在《理解课程》一书的导论中郑重宣称课程开发生于

1918年，卒于1969年。他特别提请我们注意，随着年代的流逝，在教育的日常语言中，"课程开发"（curriculum development）一词慢慢衰变为缩略语"课程"（curriculum）。他希望通过课程历史的梳理，让我们感受到从课程开发范式到课程理解范式的转变过程。

2002年我开始参加国家教材品德与社会、品德与生活教科书的编写，断断续续12年，其间一次新课标制定（2002），一次课标修订（2011），我亲历一些字词的斟酌、推敲、替换，几个句子的消失，亲历课标中的一句话在无数次讨论、争论、妥协之后演绎成教科书一个单元的几十页，亲历琢磨国家大政方针走向、评审专家的口味偏好并作出相应的修改调整，难忘以读书写书为业、从不和孩子们一起生活的评审专家反复说"这个例子离孩子们很远，不是孩子们的真实生活"。

在几年时间里，我先后参加五套地方教材的编写，涉及公民教育、生命教育、民族教育、书法教育、研究性学习。

这些教材有的是应时应事而生，有的只是印证某个课题的运用推广。作为主编和作者，最先考虑的仍然是迎合评审专家的偏好，顺利通过评审。此外，是让多数老师不用费脑子拿起书就能上，但最终仍有许多连作者自己都知道无法在课堂上实施的内容被编写进教科书。

2001年启动新一轮课程改革，最重要的一个大事件是教科书编写资格的放开。

虽然教科书的版本越来越多，但教科书选用仍是区域性统一的。区域性统一的考试、考查以某一版本的教科书为准，轻易就将师生的教与学牢牢地捆绑在了教科书的内容和知识体系之上。而教科书的编写过程，实际是多方博弈、最终妥协的结果，满眼尽是明明可以更好却不得不如此的权宜。

｜挣　脱｜

我想挣脱——教育管理者往往振振有词、合情合理，教科书的压迫，还有自己以及同侪对"创新"过度的渴望和追逐。如果教育中的所有问题都是因"试图满足学生的需要和兴趣"而起，那么作为整天和学生一起生活、距离孩子们很近的一方，教师就要能读懂学生的需要和兴趣，并为自己挣得时间、空间乃至可能去分辨、摒弃那些以满足学生的需要和兴趣为借口的蛮不讲理。

2008年秋季，我申请承担同一个教学班多门副科的教学工作，采用连堂排课的方式，将分散的课时打通使用，走出摆脱班级授课制时间、空间、学习内容限制的第一步。我做到了以下三点。

足够多的课时数与孩子们相处

一位副科老师的常态是每周每班 1 ～ 2 节课，一周七八个班走一两趟，一年下来，连学生名字都叫不全实在太正常了。如果认识并了解每一个学生都不可能，怎么可能实现从学生的需要和兴趣出发而选择和安排教育教学活动，动态地去把握学科发展、儿童需要、社会需要三者之间的关系？

精心设计教学吸引学生是解决问题的一个方面，当教育教学缺少了师生情感和心灵的参与，多数时候也只好优先执行既定的教学计划，耗时耗力于控制课堂、控制学生。尽可能多地和孩子们在一起，观察他们，进而理解他们，做出更适合他们的课程设计与安排，是解决问题的另一路径。

灵活的教学时间容纳更多样的教学方式

教学是可以预设的，但意外难免，孩子们的状态也是不断变化的，不可能总是热情专注。如果这项学习内容是孩子们不感兴趣的，作为教师，我是否可以结束这个主题，或者另择合适的时空展开？如果这项学习内容激发了孩子们的热情，我是否可以给予他们更多的时间和空间去体验和探索，30分钟、40分钟、80分钟、120分钟乃至更久行不行？

当我可以把一个主题的学习内容集中在一个下午、一周或者一个月中渐次展开，可以在一个学时的教学活动之后转换到另一个学习领域、另一个主题，不再为课表所限，把时间、空间划分得七零八落，让学习活动得以自然地伸展，按照学生身心发展规律、学科规律，弹性地分配时间就成为可能。田野旅行、自由开放的小组讨论、访谈等在40分钟内不能或者鲜少能开展的教育教学活动终于可以开展起来。

用好国家课程、地方课程、校本课程三级课程管理政策，将三级课程作为整体来规划安排

作为公立学校，执行国家和地方的课程计划是分内之责。国家课程意味着有统一的课程标准，多数都有经过国家审定的区域内统一的教科书。语文、数学、英语因其具有基础性，又有眼前的高利害，在课程推进中内、外动力都十分充足。

于是，我选择从课程动力不足、课时少且分散、质量价值备受质疑的副科入手，用好政策允许的由地方和学校自主开发课程的课时，将国家课程、地方课程与校本课程作为一个整体来进行规划和安排，突出学习内容的综合性和对学生个性化需要的适应性。

关注者按照已有经验叫我包班教师。"江苏省和武汉市的初中都曾开设科学课，因饱受质疑而取消，也就是失败了，你知道吗？""一心多用，你会不会因此降低了这些学科的教学质量？""一名老师教几门课究竟是你的个人兴趣、个人成长路径，还是学生的需要？""不具备开足开齐课程的边缘薄弱学校，也是一名老师上所有的课，你的创新在哪里？""没有自己的学科就是没有自己的专业，职称晋升怎么办？"感谢一路的质疑，是各种问题而不是赞美带领我想得更多，走得更远。

当下中国基础教育的主流是一名教师负责一个科目的科任制教学。在某个领域受过专门训练的教师专攻一门，在学科知识上具有专业性，随着组织和管理经验的积累，他们越来越善于提高单位时间的教育教学效率，保证学生的学科知识扎实牢固，基础学力稳步提高。国外基础教育的主流是级任制教学，一名教师负责一群学生所有科目的教学，在一个相对稳定和广阔的时空里和学生共同学习和生活，与学生建立彼此关心、相互信任、相互支持的关系。

随着对两种学校组织模式认识的深入，对二者的不足有越来越多的批评，相应的调整改进从未间断。事实上，国内外成功的课程组织模式都不是单一的，学校管理者和教师团队有意无意地在实践中选取多种组织模式复合的方式。与其说多种组织模式复合能更好地体现每种模式的优点,不如说这样能更好地消解单一模式存在的问题和明显缺陷。

希望更多的同侪了解,我既不是采用级任制教学的包班教师,也不是采用科任制教学的学科教师,我有意识地在课程组织模式上选取更加灵活、多元的复合模式。

(1)级任制教学:给同一班级学生上科学、科技制作、品德与社会、书法、美术、心理健康等课,与学生建立相互支持的关系,辨别学生喜欢的学习方式,并帮助学生辨别和选择适合自己的学习方式。辨别学生的个性化需要,辨别每个学生学习某一个学科的最佳时间,并通过课程的整体规划,设计更适合学生的学习类型。

(2)科任制教学:对于科学、品德与社会、美术这类国家课程,充分利用各学科现有的资源,在有需要的专题学习中,采用分科教学的方式,提高教育教学效率和质量。

(3)弹性课段教学:依据学生的需要和兴趣,主动应对外部的各种变化,灵活安排、调整课段,让学生通过充分的体验和探究活动,发现并发展自己的兴趣和特长,发现并选择适合自己的学习类型。

(4)协同教学:邀请其他教师、家长、社会人士共同承担学科教学和某一活动主题的设计、实施,充分利用同伴、家长、社会人士的力量,灵活地与学生个体和学生群体互动,提高教育教学的实效。

(5)连续性进步教育:通过开设课内选修和课外选修课,鼓励学生依据自己的学习兴趣和特长,按照自己的学习进度学习自己喜欢的内容。

课程规划设计与实践才是我的专业。

把美好行在大地上

理解儿童是最艰难的功课

45 人的班级规模在我看来已算是令师生身心负荷过载的大班额，精确到分钟的一日作息时间表将师生一起牢牢地钉在了流水线上，加上对整齐划一和高效的一味迷恋，教师使出浑身解数有序地完成既定的教学计划，追求看得见、可检验的教育教学成效。

大班额、班级授课制、分学科教学，这些教学组织形式为师生之间建立积极的关系设置了无数时空障碍。当师生之间相对更加松散自由的相处和交流被一再压缩，教师渐渐成为离孩子的心最远的人。

接手新班级，起始课上，我会给孩子们每人一份问卷，告诉他们老师希望了解他们学习和生活的感受、想法和愿望。

看过问卷，我得到一份特别关注名单——参与感、归属感和自我认同感方面都需要给予关怀帮助的孩子，我还会特别留意在日常教育教学过程中、交往中需要小心谨慎的方面，或者某种亟待干预的班级整体的趋势。

我会立即安排与每一个觉得"同学不怎么喜欢我"的同学聊聊，了解状况后，留意他们在人际交往过程中遇到的困难，提供帮助、安慰。对于三年级孩子而言，这是非常困难和重要的事情。

D在特别关注的名单里,他在课堂上和同学打成一团,被我制止后还一面继续追打同学,一面梗着脖子大叫:"不公平!是他先打我的!"我虽然也感到意外,但并不觉得难堪和被冒犯。我知道他的感受,他觉得同学、老师不喜欢他,都和他作对,所以对自己的出手不善和出言不逊毫无半点不安和歉意,满心只有对可能出现的指责、压服的戒备。

作为教师,我除了必须应付眼前的危机,更要明白,怎样才能真正地帮到他。根据经验、问卷和访谈结果,我不仅能解释他为什么这样,还要作好这样的一幕会一再上演的心理准备。基于这层了解,我对D的期待不是收服他,让他迅速转变,和其他孩子一样知道界限、自律自觉——这是不现实的。我期望的是他逐渐同父母、老师和同学建立相互关心、相互关照的正向的关系,有更多内在的力量主动约束自己,认识到他人的存在,在意他人的感受,在这个过程中发现并感受一个更好的自我。

有了这层了解,我的力气便不会放在立即分出对错上,只要双方不再动手,等到情绪平复,再来帮助他理解别人的感受,告诉他这样处理问题不被接受。我当然不是在放纵他的问题行为,也不是宽容,我是怀着另一种期待——他愿意约束自己、明白为什么要约束自己比他服我、怕我更重要。

我在他有兴趣且能做好的任务上给予他机会、鼓励和肯定,同他的父母沟通,希望父母给予他更为宽松、有更多理解和支持的家庭氛围,建议任课教师主动避免与他频繁地发生激烈冲突……

他还是常会有和同学打作一团的事儿,可次数在减少,再没有当面顶撞老师的现象,老师喊了停,他无论多么委屈难过都会停下手。对老师的信赖、喜爱让他更容易接受老师的指正,且会自省——那天他喜滋滋地拿自己的作业单给我看,面对赞许,他得意又不好意思地说:"可惜我字写得有点儿不好。"

通过问卷、访谈和观察及时发现问题并干预、确定适当的目标,这些比空谈的理解、宽容、激励让我更踏实、从容。

当同伴问我,问卷分数低是不是表示这个孩子不正常的时候,我一再解释应如何看待和理解问卷数据。问卷不是诊断书,问卷不是为了得出结论,给孩子们贴标签——谁谁心理不正常、某某心理素质特别好,而是为了帮助我了解并理解孩子们的体验感受,以提供及时、适当的帮助。

对于三年级学生而言,问卷获得的信息并不准确,唯有长时间的相处,在各种活动和事件中,你才能更多地了解他们。在我看来,教育过程实际是一个较长周期的质性研究过程,教师在其中与环境、孩子互动,你必须用眼用心时时看到他们,提防着自己大脑的懒惰、心里的偏见,才能作出更好的决策。

我们和它们

整个9月的重心都是师生彼此了解、适应,安排的学习内容是科学第一、二单元的学习及其拓展——认识、观察校园里的植物和动物。

绝大多数三年级孩子喜欢这门新开的课程,学习兴趣浓厚,意味着课堂组织管理的压力相对较小,容易建立师生之间积极正向的关系。这样安排是为了尽力给孩子们更多对人对事的惊喜和期待。

在实践中,科学教师们为三年级科学课学时分散且不足而苦恼。比如观察大树，一个课时内既要交流指导又要外出观察，回来还有一轮交流。这样的课堂不容忍任何意外——对于制造意外的孩子，老师立即要给予严厉的批评，力求用最短的时间"消灭"节外生枝者。

老师当然容易显出紧张和严苛，因为实在没空去了解孩子们怎么想，今天状态如何，赶紧跑完这个课时的教学环节，其余的哪里顾得上。第一阶段交流指导的时候，孩子们若不在状态，老师就会按捺不住地着急生气，站队外出的时候，孩子们一旦推推挤挤、打打闹闹，老师想到观察之后不能回来展开第二阶段的交流，下一个课时在一天、两天甚至三天之后，孩子们会遗忘，前后衔接很困难，而且后面的课时还有既定的学习内容，便会着急上火。

现有的课时数并没有留出足够的时空给教师组织管理教学，硬拉教学流程的结果是，孩子们越来越松散，课堂组织和管理的压力越来越大，教学效率低下最终会导致师生关系紧张，学生学习兴趣下降。在中年段的科学学习中增加一些课时数，让教育教学活动简单、清晰、完整，让孩子们的心情、状态有时间安放、调整非常必要。

而且我非常反对把科学等同于实验研究（科学），尤其在小学中年段，尤其应该突出科学的博物传统，让孩子们多与自然打交道，看重学习从对动物、植物、矿物、生态系统观察的事实得出可验证的结论的思维方式。

我会花很多时间和力气带孩子们认识身边的一花一木、一虫一鸟，观察并记录它们的特点和变化。一天天慢慢积累的自然日记当然会包括用各种感官有顺序地观察，用简图、维恩图、气泡图、表格等形式整理、归纳、总结植物和动物的特点，但是更重要的是对身边的植物、动物充满好奇心，对未知充满热情。

孩子们从此便会习惯把花事、果事、虫事、鸟事第一时间报告给我，分享他们的发现和激动的心情，我和孩子们，我们和它们——花草虫鸟融成一体，我们有一个共享和值得反复分享的世界了。

提供可选择的课程

每学期开学我都设计一份自选课程清单放在孩子们夹作业单的"活页夹"扉页，10个主题中总有一项创意作业，涵盖孩子们觉得有趣、乐意与大家分享的所有内容。其他9个主题有的是与本学期学习内容相关的长期作业，这类作业可以拓展和加深学习体验，有的是基于这个班级的状况量身打造的主题，还有一些诸如种植和养殖记录、运动日记、垃圾减量日志则是固定不变的主题。

把运动作为生活方式，把资源的回收再利用作为生活方式，通过种植和养殖活动平复内心，收获踏实安宁……每一个主题背后都有一份用心。

我也会因时因事临时增设项目，但开学初的起始课上，大家已经约定好，这些全是自主选择学习主题、自主安排学习进度、自主选择学习方式、自主选择呈现形式的学习内容，完成后随时提交作业单，或与我预约发布展示时间，我期末会给予总评加分。

孩子们可以一时兴起、一蹴而就，也可以长久谋划、点滴积累，可供选择的课程鼓励孩子们做自己喜欢的事情，做自己愿意做的事情，按照自己的意愿安排进度，这是连续性进步教育带给我的启发。

一周上完一本书

每周1课时的科技制作活动属于地方课程，每学期约16课时，教科书上提供11个主题左右，允许教师自主安排教学内容，自主设计考查方案。按部就班，一步步教学生制作最是吃力不讨好，往往是一部分孩子忘了准备制作材料无所事事，一部分孩子上课的时候懒得跟随，胡闹捣蛋。

同样是在起始课上，让孩子们花几分钟通读教科书，选出自己最感兴趣的3个主题回家准备制作材料。拿出一周6个课时，全部按照所选主题分组，和兴趣相投的小伙伴一起阅读书上的步骤说明制作。缺制作材料就互相借用，不明白的地方就一起切磋，实在不行就找小伙伴搭个手，完成制作后一起反复调试修改。

基于共同兴趣的合作学习，让课堂组织和管理变得轻松简单，孩子们会自发解决很多以前全部依赖老师帮助的各种问题。而我特别看重制作完成后一起对自己和同伴原来的设想和作品不断修正、调试的过程。最后带着自己的作品与小伙伴合影就算是提交作业、接受考查了。

"少即是多"是课程设计的重要原则，3个主题6个课时，而不是3个课时，让孩子们有足够的时间解决制作方法问题和交往合作的问题，这比老师一路催促强制让彼此愉快得多，孩子们的体验感受也深入持久得多。

设计一个鸡蛋保护装置，让一枚生鸡蛋从二楼或四楼落下不碎裂；用报纸和透明胶制作一座高塔，再不断刷新它的高度；设计制作一座纸桥能承载自己不垮塌，这三个孩子最喜爱的主题活动一般都安排在家长开放日，或者学校大型活动前后和假期调休期间，孩子们普遍比较低落倦怠的时候。

即便孩子们有时会因为过度兴奋而疏于反思总结，这种高峰体验对于孩子们的积极作用也能保持很久。设计制作课之后孩子们念念不忘，有的班甚至向我提出再做第二遍，他们向我保证"这次我们会表现得比上次更出色"。

私人订制

有老师向我申诉3班的课上学生不活跃，我笑着回应："是啊，他们是我教过最温吞的班，除了吃，其余什么都难以让大家激情四射、发光发亮。"

动员无数次，自选课程一个学期仅4个同学参加；无论你怎么着急，作业单永远稀稀拉拉交不齐；无论你反复强调多少遍，仍是大部分人带不齐学具……但我很喜欢他们，和他们吃吃喝喝了三年，开心而难忘。

学习观察方法，买来各种苹果吸引住全班学生的眼球，看、闻、摸、听，大小、形状、颜色、味道，维恩图比较相同与不同……一个苹果分到44张嘴巴里还有剩余，一种种、一轮轮地尝。

学习传统节日和民俗，带着孩子们搓汤圆、煮汤圆、吃汤圆，自带电饭锅四处搜罗杂豆杂粮，带着孩子们煮腊八粥、喝腊八粥，给他们讲为什么要把月饼切成莲花状，然后一人一瓣过中秋。

讲家乡物产，讲秋天是丰收的季节，一个人发一粒生板栗，随你细细剥还是使劲啃。柿子上开十字口，一人舀一勺，多数孩子舍不得一口吞下，那些吞得太快的后来被同学投诉"他的勺子都要吮化了"。

3班的自选课程清单里永远有学做一种主食、点心或菜品一项，每个学期我都会拿出一整个下午做班级美食节，安排孩子们轮流去学校小厨房完成食物的烹制，捧到班上来展示分享。

满足孩子们对食物的热爱帮助我找到了进入情感世界的路径。自我服务带给孩子们良好的自我感受，帮助他们从那个混沌的自我中慢慢分离出来，逐渐具有独立自主的意识和能力。我后来取笑他们："是不是一看到徐老师就会流口水啊？"

5班的家长对孩子管得又多又细，比如开放日那天我们做亲子活动，任务全被一群爹妈包圆了，他们热火朝天地干活，任由孩子们一旁无所事事、打打闹闹。过度关心、过度保护、过度替代的结果是，孩子们缺乏自主能力，放出去不会自主活动和游戏，同学之间一点点小事情就不知所措地哭天抹泪，普遍为同学交往中的问题感到有压力和焦虑。

6班的孩子因为学业落后，任课老师不得不长期轮流在班上苦熬苦练，学业上的过度用力，造成孩子们大面积厌学，还练就了不怕不顾的性子。

刚接班那会儿，上课铃响过，班上没几个人不吵闹。有一次，我边管理课堂纪律边等待，课时过半还有5人没到，把孩子们反映的信息碎片费力拼合起来——一人被反锁在厕所隔间；两个同学在操场打架，一人留下"观战"；一人上节课朝同学扔石头被老师留堂。他们班的课必须上5分钟，组织管理课堂纪律5

分钟，如此交替直到下课。所谓组织管理就是一顿劈头盖脸的吼叫斥责，除此之外油盐不进——可怜我的嗓子。

两个班情形不一样，但我开出的药方是一样的。

回想一下，这两个班是室外活动时间最多的两个班。只要天气晴好，我会尽力设计组织室外的教育教学活动，或者努力简化室内课的教学流程，留出时间让他们去户外自由自主地玩耍，我则坐在一边等孩子们主动过来找我说闲话，随时准备解决同学之间的矛盾纠纷。

渐渐地，5班能自己凑一拨，玩得开心尽兴，自己解决一些或简单或复杂的交往问题。6班则是通过奖励室外自由活动，生出内在的动力自我约束，厌学情绪和对老师的抵触都有所缓解，从而减轻了课堂组织管理的压力。

2班的孩子因为父母太忙，家中无人照料而选择在校时间特别长的日托班。一早送来，晚上接回家洗澡睡觉。缺乏社会生活和人际交往的孩子心境、眼界难免局促，我特别希望帮助这个班的孩子增广见闻。

和他们共处的两年，我设计安排了许多开放课堂的活动。邀请各个领域的奇人、专家来执教相应的主题；煞费苦心地安排访问社区、访问博物馆等校外实践活动；设计跨年段、跨班级的教育教学活动；为了让他们明白志愿者、公益组织的概念，我甚至带他们一起申请了国际绿色基金会的项目，邀请基金会的督导给孩子们分享自己的人生经历和感悟……

每个孩子不一样，每个班也不一样，我试图通过不同的课程设计和安排来回应、解决孩子们成长中的不同问题，即便是同样的主题活动也常常指向不一样的目标，有着不同的希冀和盼望。

用自由自主阅读促进儿童社会化发展

研究发现，整个小学阶段，二年级学生的向师性最强，到三年级则陡然下降，已有问卷和访谈也有所反映，他们开始指出"老师从来不笑""老师不公平""我没有得到我应得的表扬"……

三年级的孩子，自我意识越来越强，逐步从混沌一团的感受中分化出自我和他者的概念，师生交往、生生交往、与父母相处都特别容易觉得委屈、愤怒。多花些力气帮助他们厘清、分辨，明白老师、同学、家人并无恶意，针对具体的人和事教给他们一些简单的处理人际交往问题的方法，是此阶段儿童迫切需要的。

后来我将问卷、持续访谈、个别辅导归入儿童社会化发展项目，并增加一些子项目推进它，其中被误读最多的是自由自主阅读项目，即 Free Voluntary Reading（简称 FVR）项目。

我发起并推动建设一流的班级图书馆，将最新最好的图书第一时间放入班级书架，让孩子们随手就能拿到自己喜欢的书籍。我通过项目前测、培训、分享、答疑，说服家长和班主任，孩子们不需要写读书报告，不用回答问题，不喜欢的不用勉强读完，因为一个热爱学习、热爱阅读的孩子，只会学得、读得更多更好。

我通过日常观测说服家长，与全体任课教师达成共识，当孩子们当堂完成学习任务之后，完全可以立即获得自由自主阅读时间——不经过老师允许在教室里走动，去书架拿书、换书。我尽力与学校协商，允许我引导同学们自由自主选择午休方式，允许孩子们依据自己的情况选择午睡或自由自主阅读。

事实证明，只要给孩子更多自由自主的空间，把更多的好书放到孩子面前，没有孩子不热爱阅读。

允许孩子们当堂完成学习任务后，在不打扰他人的前提下，自由地在教室里走动着拿书、还书，不仅不会影响课堂秩序，干扰教育教学活动，还能改变原来教师控制、强制过多造成的学生学习倦怠、缺乏内在动力的问题。项目后期，孩子们已经习惯完成当堂学习任务后，在不打扰他人的情况下，安静做自己的事情，是否投入阅读，老师也不干预。

这个儿童阅读推广项目在提高阅读兴趣、阅读能力和写作能力方面的作用是肯定的，而项目更大的意义在于丰富教师和父母对孩子们的认识与理解，帮助老师、父母、孩子重建相互支持和信任的关系，使师生、亲子之间的关系由单向管制逐步过渡到双向协商，从而通过改善师生关系、亲子关系帮助孩子们更好地完成社会性发展。

书法课不只是教写字

在武汉市教育局颁布的课时计划中，校本课程每周1课时，完全由教师自主开发、实施，起初这块真正的"自留地"正好被我拿来贴补科学课时。后来学校获评书法特色学校，引进专职书法老师，安排利用校本课程的学时学习软笔书法。

可以想见低龄的孩子在小小的课桌上摆开笔墨纸砚、悬肘悬腕时是多么混乱，衣裤、手脸、桌椅、地面、墙面、走廊、洗手台全部墨黑一片。书法老师困惑于一周一次的40分钟效果不佳，刚刚组织好，就差不多下课了，很难静下心来习字，羡慕我可以集中安排2～3周完成书法教学。

而我想的是，语文老师已经教过笔法，不能熟练运用的孩子多是对硬笔的控制力不足。每天10分钟集体练字的时间里，多数老师还会讲讲间架结构。笔法、间架结构练习只见树木不见森林，大量重复的练习容易让孩子们感到枯燥无趣，生出厌烦。虽然冗余也有必要，但孩子们对笔的控制力，有意识表现线条、布局之美，尚需力量、心智的成长，不全是方法指导之功。整体感受体会书艺之美，比苦练笔法、指导间架结构更容易激发学生的学习兴趣。

4班是我教过的班级里软笔书法普及程度最好的班，一半孩子都在校外书法班学习隶书和楷书，我不统一内容和进度，给予他们选择权，可以在书法课上习练自己的字帖，我重点教授、指导章法，让他们体会完整书法作品的整体之美。条幅、横幅、斗方、扇面，不论你字写得好不好，书法的味道出来了就会有惊喜。

3班的孩子总是带不齐学具，我建议他们用水彩笔、水粉颜料、国画颜料习字，家里有什么学具带什么学具，连油画棒都行，把学习重点放在习练象形字（东巴文）和大篆的书法作品上，和他们的心智水平、偏好一致。五颜六色的书法作品，每个字的画面感和整体的画面感都很强，加上一点章法的知识，孩子们"玩"得就很开心、很有成就感。

6班和8班缺少秩序感和自我调节能力，我为他们选择了秀丽笔，它比毛笔更轻便，好操控，未来肯定运用范围更广。连带的好处是，能减少泼墨事故，减少了生生之间和师生之间的冲突。同样是教章法，我会花很多时间带他们打格子，告诉他们打好格子就成功了一大半，因为格子就是整幅作品的设计图，图设计得好能弥补单个字的不足。我会特别强调不涂改这一项，落笔无悔，必须想好了再下笔。第一次交作品的时候，很多孩子都觉得难以置信："我竟然能创造出一幅这么像样的书法作品！"

我还为没有一点书法功底的孩子设计了画画的练习活动，关于布局均衡，笔画均匀的观念，都通过他们喜欢的活动让他们慢慢体验和感受，书画同源，不必拘泥。

每个学期花上半个月体会软笔的特点属性，感受书法的形式之美，了解书体的演变历史，最重要的是很多孩子因此喜欢上书法艺术。足矣。

| 合 唱 |

学校北面是五幢老房子——原两湖书院斋舍。这里多数时候都很僻静，绿荫掩蔽中抬头即是白色瓷砖敷面的五层教学楼——我对国人热衷于在建筑内外面一律敷上瓷砖十分无奈。走廊在朝南的一面，管理者探头探脑突如其来的巡视和同事来来去去有意无意的窥视都能落入教室内师生的眼里，多少有些警惕，只北面五排规整的四方大窗因为悬空，让人踏实放心。

孩子们拖腔读书、大声号叫的齐唱、嘈杂中几声"老师来啦"和随之突兀的爆笑，老师经微麦扩大后声嘶力竭的电声讲解、话剧一样抑扬顿挫的讲课——我仿佛看到她前倾的体态和生动得有些陌生的面庞、厉声训斥某个或者全班学生，播放的电影热闹的对白配乐从劣质的音响中轰隆而出……

你看不到教室里整洁美观的布置，五颜六色的作品展示墙，孩子们正襟危坐，或迷惘或清澈的眼神，老师美好的仪态仪表……这是学校另一面，无人看顾的一切从整饬的铝合金窗子涌出，汇成一体。这便是"课程是一部合唱"的真实意味。

课程研究领域是"社会理智的公共体"，这个系统和其中各个部分"会话"是在时间的长河中积累和变革的。面对实践中汹涌澎湃的嘈嘈切切，我常觉微妙有趣，感叹其理智的部分太少。置身其中仔细分辨、大胆尝试、不断反省修正，正是我作为一个课程规划设计者的志业。我知道，有时候我的声音也会从其中几扇窗子中涌出来，和所有的声音合为一体。

附 录

一、专业成长各类成果

（1）2015 年，获评搜狐教育年度变革力教师。

（2）2016 年，第二届全人教育奖提名奖获得者。

（3）2017 年，获评湖北省首届荆楚教育名家，首届楚天卓越教师。

（4）2017 年，获评教育部内地与香港交流计划优秀指导教师。

（5）2007 年，被评为武汉市优秀青年教师。

（6）2011 年，被评为武汉市"十佳教学能手"。

（7）2018 年，被评为中国教师报年度致敬课改人物。

（8）2021 年，获评中国教师报课改 20 年十大变革人物。

（9）2017年、2021年、2022年，先后被聘为香港中文大学教育学院硕士生课程特邀演讲人。

（10）2012年，被评为华中师范大学基础教育研究中心"国培计划"培训专家。

（11）2020年，被选为华中科技大学教育学院硕士生课程特邀演讲人。

（12）2017年至今，担任湖北大学教育学院硕士生导师。

（13）担任21世纪教育研究院课程研究中心主任。

（14）担任武汉市武昌区教育局协同发展中心副主任。

（15）著有《未来课程想象力》《没有指责和羞辱的教育》《能说的，都不痛》《相信，相信的力量》《童书里的教育学》等专著。

（16）国家教材分册主编、核心作者，5套地方教材分册主编、核心作者。

（17）主持参与国家级课题3项、省级（含重点）课题5项、市级（含重点）课题5项。

（18）"国培计划"指导教师，并长期策划、组织各级各类校长培训、教师培训。

二、媒体专访

因创造，得自由

（《中国教师报》2018年9月12日，作者：黄浩）

首届LIFE创新年会现场，聚光灯下，时年34岁的徐莉受邀分享自己的创新案例。彼时，她在武昌实验小学进行课程改革探索已经有8年之久。

徐莉用一长串的名词解释了自己的实验：探索"级任制教学＋科任制教学＋弹性课段教学＋协同教学＋连续性进步教育"多元复合模式，实现一个班级乃至一所学校的个性化课程定制。在这段绕口令似的陈述之后，她忐忑地说，我要向大家介绍一个我的新专业、新身份——课程设计师。

台下有人面面相觑，一脸茫然。

"在 2013 年之前，我自称'课程设计师'，是为了让更多的同行了解并接受课程设计是一个专业。"那一年是 2015 年。尽管被质疑过，但她依然给自己的"课程设计师"工作打了 80 分。

设计，意味着架构、创造。徐莉用 17 年的时间试探教师执业的边界：一个老师，在课程设计和实施上，拥有的自主权究竟能够有多大？不管空间尺度有多大，不可否认，对自主的渴望造就了今日的徐莉。她始终信奉一句话：因创造，得自由。这里的"得"，可以读第二声，也可以读第三声。

"不希望被学科定义"

你是什么老师？绝大多数教师不假思索，答案就能脱口而出。但对徐莉而言，这却是最难回答的问题之一。

"在我的宝盒里放上松针、竹叶、广玉兰叶、枇杷叶……随手摸出一样交给一个小组的孩子们，就照着这个样子去校园里'寻宝'吧，回来告诉我，它们都长在哪里。"

"设计保护装置，从二楼将装着生鸡蛋的保护装置扔下去，回到教室后一起思考、讨论。"

"采访学校里的一位工作人员，提交一份完整的采访记录。"

用一张张任务单，替代大部分的集中讲授，让任务带领孩子们自由自主地学习。这是徐莉的常态课——你很难判断这是一节什么学科的课，这节课也很有可能不在教室里完成，而且时间也并非传统的 40 分钟。

比如，徐莉带领学生认识一棵树，常做的几件事是——画简图，标出各部分名称，记录各部分的特征；教给孩子测量方法，让他们测量并记录数据；用气泡图整理归纳树的主要特征，或者用韦恩图比较树与其他事物的异同，加上非虚构类写作……当我们试图区分这是科学课、数学课还是语文课的时候，徐莉认为"只有心存学科界线的人，才一天到晚用分科思维来理解学生的学习过程"。

这样的课，有历时一个月的大主题探究，有历时一天半日的体验活动，有连堂的专题学习，有单课时的交流分享……非常灵活，学习方式也丰富多样。"不希望被学科定义"的徐莉不会因为某个学科的限制，去决定自己做什么和不做什么。就她现在的任教模式来说，徐莉既不是进行级任制教学的包班教师，也不是从事科任制教学的学科教师，她有意识地在课程组织模式上选取更加灵活、多元的复合模式。2018 年，湖北省教育厅厅长陶宏在一篇文章中提到她时，称她为"儿童课程规划设计师"，在徐莉看来，这短短的一句话，是对她职业的一次官方认定。

但事实上，"拥有'想教什么就教什么，想怎么教就怎么教'的自由其实是件令人十分疲惫的活儿"。徐莉说这是"肩负自由的疲惫"。

在第二届全人教育奖颁奖典礼上，独立撰稿人吴若妹评价徐莉时道出了这个职业的"难与苦"：选择做一个"课程设计师"，必须进行跨越众多学科的探索与钻研，特别是"攻坚"那些自己本不擅长的科目，并寻求融会贯通之道。其中的辛苦与付出，超出单一学科的数倍。

但徐莉熬过来了，"我愿意尽一己之能，甚至不惜一次次从头开始，走进一个又一个学科，做个永远的学徒"。她下了一番苦功夫，也有足够的勇气把自信写在脸上,"如果今天下午是我的课,我会让孩子们选择他们喜欢的内容和学习方式。反正我全都会上,而且绝对在平均水平以上"。

不过,选择做"课程设计师",要付出的还不只是辛劳。有人劝徐莉:你总得有一个学科定位吧,不然怎么做学科带头人?做不了带头人,未来职位如何晋升呀?

尽管徐莉十分清楚所有关乎职位评审的评委都是分学科的,"可我顾不上在任何一个学科里去刨一口深井,我觉得要去做更有价值、有意义的事情"。

对此,吴若姝的那段评价大概最得徐莉之心:当她主动挣脱外在的评判得失,只做遵循内心之事的时候,她反而拥有了超越外物的力量。因为她已经在内心深处获得了自由。

自由,我最向往的不是自由吗?徐莉追问自己。每当此时,她便坦然。

"我喜欢做不知道怎么做的事情,所以做课程设计,然后不畏惧在课程实施中经历各种不确定。"徐莉还特别强调一句,这"对于我而言不是困难,而是非常好玩的"。

所以,当徐莉再被人问起"你是什么老师"时,她会俏皮地反问一句:你何必在意我是什么老师呢?

"你足够专业,配得上这份自由"

许多教师依据教材埋头教学时,很少去思考背后前因后果:那些要求合理吗?为什么是这样不是那样?如果那些观念、那些目标是对的,我怎么做出来?

早年间,徐莉的"特立独行"起初并不被允许,工作的第四个年头,身为语文教师的她被安排在教导处工作,由于杂事繁忙,按照惯例,徐莉需要转教社会科。一次考前,她向学校申请自己的班级只参加期末统考,她希望将最难上的第二单元和比较有趣的第四单元进行对调,让学生先学习感兴趣的内容。

这样的"无理要求",被学校坚决拒绝了——你没有权力擅自调换单元顺序。作为一个资历尚浅的青年教师,学校认为她最应该做的是严格执行既定的教学计划,而不是自作主张。

徐莉那时候是懊恼的,"不管课上成什么样都很难过,觉得自己就像个演员,眼睛看哪里、手指哪里都有人指点安排,我感到很痛苦"。

不过,这也更加促使徐莉开始审视"自上而下"的课程改革:到底谁来做课程决策?思索良久,她觉得"应该是在地头的人"。毕竟,作为一个一线耕耘者,"能接收到更为丰富复杂的来自教学现场的讯息"。

"许多时候我们把教育的问题归因于教师专业水准不够高——理念是好的,理想课程的构想是好的,到了具体的教育实践就坏掉了。实际上,即使教师努力把一节课所有的环节都做好,把所有的好课连起来并不等于好的教育。"徐莉说,"当我追根溯源时,发现我们的课程组织方式与教材编排,这些被误认为是上位的环节存在问题。教师本应参与课程标准、内容的制定,而不仅仅是一个被动的执行人。"由此,徐莉执拗地开始了一名普通教师的艰难突破。

2001年,第八次新课程改革大幕启动,武昌实验小学成为最早起步的学校,她恰是学校核心课题组的成员。

"记得最早接受的指令,是找到学生感兴趣且有价值的主题,不能与现有所有学科的教材内容重复。为此我不得不去翻看各科、各版本、各年段教科书,关注各学科发展的前沿和现有课程未曾涉及的主题,挖掘现有知识层面下更深层的价值追求,寻找适合学生且学生喜闻乐见的学习内容。"渐渐地,徐莉被动地从一个消极的课程产品消费者转变为一个积极的课程产品生产者。这让她看到了课程改革的另一片天空:超越教材,理解课程,而非死盯教科书揣摩编者的意图。

但很快她也看到了问题。一名副科教师的常态是每周每班1~2节课,一周七八个班走一两趟,一年下来连学生名字都叫不全,这样怎么可能实现从学生的需要和兴趣出发选择和安排教育教学活动?教学是可以预设的,但孩子们的状态是不断变化的,如果这个学习内容是孩子们不感兴趣的,教师是否可以结束这个主题,或者另择合适的时空展开?如果学习内容激发了孩子们的热情,教师是否可以给予他们更多的时间和空间去体验和探索?

从问题出发,徐莉找到了课程变革与创新的关键量:时间。只有弹性的课段才能实现学习方式和学习内容上的自主自由,实现教学方式的多样化。

徐莉一直在寻找破解时间难题的路径与方法。终于,在2008年的新学期,徐莉获准在同一个班担任多门学科的教学工作,可以将一节一节的40分钟连续起来安排。如此,她拥有了教学时间上的自由。

她的"级任制教学+科任制教学+弹性课段教学+协同教学+连续性进步教育"探索也从此大放异彩,得到了无数的鲜花与掌声。

除此之外,伴随10多年尝试的是一路的质疑和好心的提醒:

"一心多用,你会不会因此降低了这些学科的教学质量?"

"一个老师教几门课究竟是你的个人兴趣、个人成长路径还是学生的需要?"

"不具备开足开齐课程的边缘薄弱学校,也是一个老师上所有的课,你的创新在哪里?"

徐莉对这些质疑的态度只有两个字:感谢。她说,"带领我走得更远更好的是质疑而不是赞赏,而质疑让我能够更加深入地思考'为什么要变革',关注如何让在其中的人意识到改革的必要性"。

徐莉也给了所有的质疑一个回答:"我更注重对课程的理解,基于理解地改善,整体考量,特别是在其中的教师、学生、家长的感受。"这并非是徐莉固执己见,只是她觉得,课程决策是一个多方博弈的过程,教师不能一味退让,"因为你的退让和懈怠只会让你越来越没有课程的自主权,越来越不自由"。

而给教师最高的尊重和嘉奖是,你足够专业,你配得上这份自由。

"做傻子才做的事"

徐莉说她从业的前 15 年都在忙着准备"辞职"。原因就是,"为了孩子受到更好的教育,我可以到处行走"。还是为了"自由"。

徐莉一直关注业内最具创新精神的个人、学校、机构,甚至是各个行业最优秀的那部分人。那些"不是傻子却做傻子才做的事,这样的人我视为同道"。

但徐莉最终没有辞职,在第 16 个年头到来的时候,她开始反思"自己因何走到了这里"。对于一个渴望独立,试图获得并保持独立的女性而言,每增加一个人生选项,就意味着多一个逃离之后的容身之所。"同时,不作选择本身也成了一种选择,让我们生生造出在此处的自由之感、归属之感。"徐莉这样解释。

她依然在公办学校,做那个学生眼中"会七十二变的孙悟空","做傻子才做的事"。

身为教师,徐莉似乎无时无刻不将自己与工作揉在一起。在外出差办理登记手续的几分钟,她会对着可以自由取阅的文明乘机出行提示小册子纠结:要不要取 45 份,在学习公共交通单元的时候作为学习材料发给学生？面对宾馆大堂信息栏里的各色宣传册，通常她会在这里完成对一座城市整体风貌、特色餐饮、自然与人文景观的自主学习，遇到写得特别好的材料就盘算带回去作为学习材料或者设计素材。

她对世界充满好奇，热爱学习，唯独不喜欢"被安排"。"我的做法不值得效仿，但我真的不能忍受别人让我做我不认为有价值的事情，我有自己的专业规划。"徐莉说。

徐莉就是那个不愿妥协的人，真的不喜欢的东西，她会20年如一日坚持说"不"。她喜欢把时间留给有趣的事儿，作为一名课程设计师，徐莉有着广泛的兴趣爱好。她是教师、作者、阅读推广人、培训师，还是三级评茶师、品酒师、书法爱好者、观鸟爱好者……她还期待着，可以到英国去读博物学。

一位孩子已研究生毕业的家长在徐莉的公众号底下留言：孩子曾不止一次跟我说，徐莉是她迄今为止认为最好的老师，没有之一！看完这条留言，一直"酷酷"的徐莉竟然会泪流满面。

她享受被学生认可的幸福时刻，但同时也不忘提醒自己：不要贪恋孩子们的喜欢，希望孩子们在更大的使命到来的时候，遇到提携帮助他们的人，知福感恩，而不是对儿时一个陪他们吃吃喝喝东瞄西顾的伴儿念念不忘……

徐莉警惕一个老师对学生的过度影响，在她看来，孩子可能在喜欢与模仿中丢掉了成长的多样可能性，导致选择权的丧失——何必让他成为下一个你？本来他可以有无限可能。徐莉坦言自己不喜欢这样的教师——公开课上，在短短一两个40分钟里有意无意地征服、感动观众，试图屹立于潮头浪尖引领潮流，刻意制造新意启迪他人……

"如果与孩子每天的相处都是这样，孩子还是被一种外在的企图心所控制，教师仍然是将满足自己的需要优先于满足孩子的需要。"徐莉说，这是对孩子的"控制"。

挣脱束缚、归向自由，这就是徐莉。如今的她，仍在努力回答"一个教师的课程自主权究竟能拓展到多大？"不过，她并没有给出最终答案，而是描述了一幅"自由"的画面：学校的教学楼背面，你看不到教室里整洁美观的布置、五颜六色的作品展示墙和孩子们的正襟危坐……在那里，你能听到孩子们拖腔读书、大声号叫的齐唱、嘈杂中几声"老师来啦"和随之突兀的爆笑，播放电影热闹的对白配乐从劣质的音响中轰隆而出……这是学校的另一面，无人看顾的一切从铝合金窗子涌出，汇成一体。

徐莉觉得，在那里，你能体味到"课程是一部合唱"的真实意味。而她的工作，就是让这和声变得动听一点——哪怕是一个人的合唱。

三、影响专业成长的 10 本书

（1）拉尔夫·泰勒:《课程与教学的基本原理》，人民教育出版社，1994年版。

（2）罗伯特·斯莱文:《教育心理学：理论与实践》（第十版），人民邮电出版社，2018年版。

（3）查尔斯·M·赖格卢斯:《教学设计的理论与模型：教学理论的新范式》（第2卷），教育科学出版社，2011年版。

（4）理查德·E·梅耶:《应用学习科学——心理学大师给教师的建议》，中国轻工业出版社，2021年版。

（5）凯·M·普赖斯等:《有效教学设计：帮助每个学生都获得成功（第四版）》，中国人民大学出版社，2016年版。

（6）罗伯特·费尔德曼:《发展心理学——人的毕生发展（第4版）》，

世界图书出版公司，2007年版。

（7）马乔里·J·科斯特尔尼克等：《0—12岁儿童社会性发展——理论与技巧（第八版）》，中国轻工业出版社，2018年版。

（8）费尔兹等：《儿童纪律教育——建构性指导与规训》，中国轻工业出版社，2007年版。

（9）琼斯等：《全面课堂管理：创建一个共同的班集体》，中国轻工业出版社，2002年版。

（10）麦克泰格等：《让教师学会提问——以基本问题打开学生的理解之门》，中国轻工业出版社，2015年版。

四、问答

问1：如果给你足够的权力，你会将自己的课堂变成什么样？
答： 不为别人认为的正确和善好而用力。

问2：学生的哪一句话曾让你心灵触动？
答： "老师，我可以一个人玩吗？"

问3：你认为自己最伟大的成就是什么？
答： 竭尽所能争取教师的课程自主权。

问4：您做了很多年的教师培训，在交流环节，教师最爱问哪些问题？
答： 一是特殊需求学生的学习问题、行为问题如何解决、改善；二是学生不爱学习，如何激发学生的学习动机。

问 5：您认为什么样的小朋友最难教？

答：感到"学习一点儿意思都没有"，认为"我的努力一点儿价值都没有"的学生。改变这种认知非常艰难、缓慢。

问 6：您怎么看教师感到自主空间越来越少？

答：我是非常幸运的，我的青年时代，职业生涯的起点，恰逢开放多元的改革探索期，自上而下鼓励各种探索。当本轮课程改革走完第二个十年，开启第三个十年，自由探索转向系统性反思和制度性调控，在日益增多的各种限制中，我一方面能更深切地体会到教师课程自主权的宝贵，另一方面也能更深切地体会到增加限制与鼓励创新之间的张力。限制性规定越来越多的同时，各种文件和方案也在进一步明确学校和教师拥有自主权。

问 7：教师如何克服职业倦怠感，激发教师活力？

答：有研究发现，某人在近期内重复获得相同报酬的次数越多，那么，这一报酬的追加部分对他的价值就越小。据研究发现，校长与教师的关系越紧张，教师专业发展的意愿越强烈。

问 8：校长培训中校长们最关注的问题是什么？

答：在无法提高教师收入的前提下，如何让教师积极做事。

问 9：作为课程改革方面的专家，您怎么看待教育创新领域层出不穷的新词、热词？

答：课程变革中我们追求的从来都不是新词，而是用新概念对过往经验进行重新理解和解释，启发我们创造性地解决问题，以寻求实践的改善。

问 10：教师如何找到适合自己的专业发展方向？

答： 从知道有哪些方向开始。选热点，就是站在行业风口上争取外部支持。选择那些操之在我的方向，就是自己栽培自己。这些都很好。

图书在版编目（CIP）数据

教师软实力：优秀教师的核心素养/王晓文主编.
—上海：华东师范大学出版社，2024
ISBN 978-7-5760-4860-5

Ⅰ.①教… Ⅱ.①王… Ⅲ.①教师素质 Ⅳ.① G451.6

中国国家版本馆 CIP 数据核字（2024）第 063683 号

大夏书系｜教育软实力

教师软实力——优秀教师的核心素养

主　　编	王晓文
策划编辑	朱永通
责任编辑	万丽丽
责任校对	杨　坤
装帧设计	奇文云海 · 设计顾问

出版发行	华东师范大学出版社
社　　址	上海市中山北路 3663 号 邮编 200062
网　　址	www.ecnupress.com.cn
电　　话	021-60821666　行政传真 021-62572105
客服电话	021-62865537
邮购电话	021-62869887
地　　址	上海市中山北路 3663 号华东师范大学校内先锋路口
网　　店	http://hdsdcbs.tmall.com/

印 刷 者	北京汇林印务有限公司
开　　本	890×1240　32 开
印　　张	8.5
字　　数	184 千字
版　　次	2024 年 6 月第一版
印　　次	2024 年 8 月第三次
印　　数	10 101-13 100
书　　号	ISBN 978-7-5760-4860-5
定　　价	65.00 元

出 版 人　　王　焰

（如发现本版图书有印订质量问题，请寄回本社市场部调换或电话 021-62865537 联系）